FREE TO FOCUS

フリー・トゥ・フォーカス

究極の仕事術

A Total Productivity System To Achieve More By Doing Less

集中力を自在に操り、生産性を上げる

JN027820

マイケル・ハイアット 著
Michael Hyatt

長谷川 圭 訳

FREE TO FOCUS
A Total Productivity System To Achieve More By Doing Less
Michael Hyatt

Copyright © 2019 by Michael Hyatt
Originally published in English under the title
Free to Focus by Baker Books, a division of Baker Publishing Group
Grand Rapids, MI 49516, USA
Japanese translation rights arranged with BAKER PUBLISHING GROUP
through Japan UNI Agency, Inc.

目次

フォーカスへのステップ

結局のところ、人生とはあなたが集中してきたものの総和にほかならない

オリバー・バークマン

「まずい、心臓発作かも！」。くつろいだディナーの終わりに、最悪の考えが頭をよぎった。

出版社を経営していた私は仕事でマンハッタンにいた。忙しかった一日の締めくくりとして、仕事仲間と二人ですばらしい食事を楽しんでいたら、突然胸が痛みはじめたのだ。友人に心配をかけたくなかったし、みっともない姿を見せるのも嫌だったので、私は我慢することに決めた。すぐに治まるだろうと望みながら。しかし痛みはやまない。私は笑顔を見せてごまかそうとしたが、そのうち友人の言葉さえ耳に入らなくなってきた。頭のなかは混乱していたが、それを見せないように努めた。痛みは強まっていく。目の前が真っ暗になったとき、私はようやく苦しみを打ち明けた。

友は立ち上がった。支払いを済ませてからタクシーを呼び、私を近くの病院に運び込む。いくつかの簡易検査ののち、医師は私のバイタルデータはどれも正常だと報告した。結局、心臓発作ではなかったのだ。さらに詳しく検査をしたのだが、主治医には問題を見つけることがで

きなかった。私は健康だった！　とはいえ、文字どおり健康というわけでもなかった。それからの一年間で、私は二度も病院送りになったのだから。二回とも、初めてのときと同じ症状だった。医師は私の心臓には問題がないと言うのだが、私は何かがおかしいと確信していた。

最後の手段として、私は地元ナッシュビルで最高の心臓病専門医による診察を受けることにした。彼は一連の検査をしたのち、結果を伝えるために私を診察室に呼んだ。「マイケル、あなたの心臓は大丈夫です」と前置きしてから、彼はこう付け加えた。「実際、あなたは健康そのもの。でも問題が二つあります。一つは胃酸の逆流、そしてもう一つは……ストレスです」。彼が言うには、胸に痛みを訴える人を診察すると、三人に一人が胃酸の逆流、そして何より多大なストレスに苦しんでいるそうだ。「あなたが対処すべきはストレスだ」と彼は警告した。「真っ先にストレス対策をしないと、そのうち本当に心臓病でここに戻ってくることになりますよ」

その専門医は仕事のしすぎでストレスを抱え込んだ人々の話をしたのだが、彼が描く人物像はまさに私そのものだった。たしかに、私はずっととんでもない量の仕事をしてきた。スローダウンする瞬間など、決して来ないと思えた。当時の私は会社のある部門を率いていて、ほぼ不可能と思われる方向転換を試みていた（詳しくはのちに）。優先すべきことはいくらでもあった。私はまさに引っ張りだこの状態で、何をするにも私が中心。電話も、メールも、テキストメッセージも私のところに集まってきた。一日二四時間、週七日、さまざまなプロジェクト、会議、仕事にノンストップでかかわってきた。もちろん、緊急事態や中断、あるいは障害にも直面した。家族は疲れていたし、私もエネルギーと熱意を失いつつあった。そこにこの健康問題である。何かを手放すときが来た。

散漫の経済

当時の私の問題は、あまりにも多くのことを、基本的には自分一人でやろうとしていたことにある。のちになって、〝すべて〟に集中するということは、〝何にも〟集中していないのと同じことだと、私は気づいた。終わりのないタスクや緊急事案に追われていては、結局のところ、大きな仕事を成し遂げることはできない。しかし、多くの人はまさにそのような切迫した状況で日々を、月日を、年月を、それどころか人生を過ごしている。

私たちは考え方を改めるべきだろう。私たちはこの数十年間、情報経済と呼ばれる社会で働いてきた。一九六九年と一九七〇年に、ジョンズ・ホプキンス大学とブルッキングス研究所がスポンサーとなって、情報技術の影響力を探るために一連の会議を開いた。その講演者のなかにハーバート・サイモンがいた。カーネギー・メロン大学コンピュータ・サイエンスおよび心理学の教授にして、のちにノーベル経済学賞を受賞する人物だ。講演のなかで、サイモンは情報の増大が人々の重荷になると警告した。なぜだろうか？「情報は受け手の注意を消費する」と彼は説明した。「情報が豊富になれば、注意力が枯渇する」と。[1]

今後、情報が不足することはない。その一方で、注意力は不足する。実際、情報がタダで手に入る世の中では、集中力が職場で最も価値のある資産の一つになりつつある。しかし、私たちの多くにとって、職場は最も集中をしにくい場所だとも言える。真実は、私たちは集中できない〝散漫の経済〟の世界で生活し、働いているのである。ジャーナリストのオリバー・バークマンはこう語る。「あなたの注意力は一日ずっと無差別攻撃を受けている」[2]。加えて言うなら、妨害的なインプットをせき止めるのは不可能だと思える。

例として、Eメールを見てみよう。全体として見た場合、私たちは毎分二億通を超えるメールを送受信している[3]。上級管理者は、仕事を始める時間にはすでに数百通のメールが届いていて、その日のうちにさらに数百通を受け取るのである[4]。しかも、それで終わりではない。デー タフィード、電話、文書、急な訪問、ショートメッセージ、終わりのない会議がこれに加わり、予想外の問題が電話を、コンピュータを、タブレット端末を、職場を満たす。ある調査によると、私たちは平均して三分に一回、何らかの形で集中が乱されたり、注意が散漫になったりしているそうだ[5]。ウォール・ストリート・ジャーナル紙のレイチェル・エマ・シルバーマンはこう言う。「たしかに、デジタル技術が生産性を大幅に向上させたのかもしれないが、現代の仕事時間は個人の集中を破壊するために設計されているかのようだ」[6]

誰もが経験したことがあるだろう。私たちは、デバイスやアプリやツールのおかげで時間を有効に使えてとても生産的に働けるようになった、と考える。しかし実際には、私たちの多くは価値の低い活動を一日にぎゅうぎゅう詰め込んでいるだけ。小さなタスクの山に押しつぶされてしまって、大きくて重要なことに時間を使えていない。ある二人組の職場コンサルタントによると、「人々がこなしている仕事のおよそ半分は、［彼らの］組織の戦略を推し進める役に立っていない」そうだ。要するに、費やした努力と時間の半分は、ビジネスにポジティブな結果をもたらしていないのである。二人はそれを「偽仕事《フェイクワーク》」と名付けた。[7] 私たちは仕事を増やして成果を減らしている。そのため、成し遂げたいと願うものと、実際に達成できるもののあいだに大きな隔たりが生じているのだ。

代償

多大な量の時間と才能が無駄になってしまっている。調査によって数字にはばらつきはあるが、オフィスワーカーの場合、一日に平均して三時間以上、場合によっては六時間も無駄にしている。[8] 一年で二五〇日仕事をすると想定してみよう（三六五日から週末と二週間の休暇を差し引いた数）。この場合、一年で七五〇時間から一五〇〇時間も無駄にしているのだ。アメリカ経済への影響は年間一兆ドルにも達する。[9] そう言われても、あまりにも抽象的すぎてピンと来ない？

それなら、ここではむしろ、失速した構想、延期になった計画、あるいは実現できなかった可能性について、より具体的には、失速したあなたの構想、延期になったあなたの計画、実現できなかったあなたの可能性について考えてみよう。私はこれまで何千人ものクライアント――忙しいリーダーや起業家たち――と話してきたが、彼らのほとんどがそのようなうまくいかなかったビジネスの話をした。失われた生産性はドルに換算するとどれぐらいの価値になるか、という話も重要ではあるが、人々を苦しめているのはそのような抽象的な数字ではない。彼らの心の痛みの原因は、達成できずにいる夢、発揮できていない才能、到達し損なった目標なのである。

達成したいと願う計画と雑事の山――雑事のなかには本当に重要なものもあれば、重要に見えるだけのものもあるだろう――の板挟みになって、私たちは疲れ果て、目標を見失い、身動きが取れなくなっている。ギャラップの調査によると、人々の半分はやりたいことをする時間がじゅうぶんに取れないと主張するそうだ。三五歳から五四歳の人々、あるいは一八歳未満の子をもつ人々では、この数字はさらに膨らんで六〇パーセント近くにもなる。[10]同様に、アメリカ心理学会が二〇一七年に行った調査でも、回答者の一〇人に六人が仕事でストレスを抱えていて、一〇人にほぼ四人がその状態は何かしら具体的な原因が引き起こしたのではなく、いつものことだと答えた。[11]ストレスにもそれなりの利点はあるが、いちばんやりたいことができなかったり、耐えきれないほどの緊張を感じたりしていては、利点などと言っている場合ではない。

重圧を和らげる唯一の方法は、夜や週末にも仕事をすることであるように思える。クリエイティブ・リーダーシップ・センターの調べによると、例えばスマートフォンを所有する管理者――現代では非常に多くの人々――は週に七〇時間以上仕事をしている。[12]ソフトウェア開発会社のアドビが委託した調査では、アメリカ人労働者はEメール対応に毎日六時間以上を費やしているそうだ。就業時間を節約するために、彼らの八〇パーセントが出勤前に、それどころか三〇パーセントは朝目覚めてすぐ、ベッドを出る前にもうメールを確認するのだ。[13]ＧＦＩソフトウェアが行ったほかの調査では、人々のほぼ四〇パーセントが午後一一時以降にも、そして四人に三人が週末にもメールを確認することがわかった。[14] ちなみに、同じぐらい、あるいはさらに悪い傾向として、夜遅くや週末にスラック（Slack）のようなチームチャットアプリが使われることもある。

私たちは、アリスさながら鏡の国に迷い込んだようだ。「いいかい。ここではね、精いっぱい走りつづけなきゃいけないのさ。同じ場所にとどまりつづけるためにね」とアリスに言ったのは赤の女王だった。「別の場所へ行きたいのなら、二倍は速く走らないといけないよ！」。[15] ペースを維持するために、一部の人々はアンフェタミンや幻覚剤の力に頼る。[16] 精神高揚剤には実際に効き目があるのかもしれない。しかし、たとえそれらが引き起こす健康被害や社会的問題を度外視するとしても、競争力を保つために神経の働きを歪める薬品を使わなければいけないような社会を、私たちはつくってしまったのだろうか？

そのような駆け足の生き方には犠牲がともなう。容赦ないストレスを生むだけでなく、長時間の仕事が健康と人間関係を損ない、個人的な目標を追うための時間を奪う。夜遅くまで仕事をすると、睡眠が不足する。早朝に出社すると、朝のジョギングがおろそかになる。子供のサッカーの試合中にメールをチェックすると、勝敗を決めるスーパープレーを見逃してしまう。プレゼンテーションが長引けば、デートの予定を……また先延ばしにしなければならない。

結局、何かが犠牲になる。私たちは毎日絶え間なく価値判断を下し、何に集中すべきかを決める。白状するが、社会人になってまもないころの私は、ほとんどの場合で〝忙しさ〟を選ん

散漫の経済ではめまぐるしいペースで仕事が行われる。あなたもアリスのように、ペースに追いつくためだけに全力で走り……前に進むにはその倍のスピードを出さなければならないと感じたことはないだろうか？

だ。しかし今の私は、忙しさを選べば、そのトレードオフとして価値あるタスクや健康、あるいは人間関係や個人的な目標にじゅうぶんな時間と注意を——つまりフォーカスを——向けられなくなることを知っている。オリバー・バークマンはこう表現する。「結局のところ、人生とはあなたが集中してきたものの総和にほかならないのだ」[17]

非生産的な生産性

そのような犠牲を埋め合わせるために、私たちの多くは生産性を高めようとする。鏡の国のアリスのように、「もっと速く走ればいい」と考える。速く走るために、ヒントや助言を求めてグーグルをさまよう。アマゾンやアップルストアを徘徊して、時間を管理して効率を上げるためのアイデアやツールを探す。

私がそうだった。しかし、心臓の問題があってからは、このままのペースで働きつづけるのは無理であることがわかった。もっといい方法があるはずだ。私は生産性を高める方法をできるかぎり多く検討した。それらすべてを試し、自分なりにいじり回した。すると、少しずつ変化が現れてきたので、私は自分の発見とやり方を人々にも伝えることに決め、一五年前にブログを始めた。このブログが、私と読者にとって生産性の実験室になった。当時の私は大手出版社のＣＥＯを務めていたのではあるが、生産性の専門家として認められるようになった。そしてのちに、リーダーシップ育成会社を立ち上げ、今ではコーチとして毎年数百人のクライアントを指導し、さらには数千人を相手に生産性の何たるかを教えているのである。

初めのうち、私は自分を殺すことなくより多くを成し遂げる方法――あるいは仕事量は増えなくても、より短い時間でやり終える方法――を探していた。しかしすぐに、赤の女王と歩調を合わせるのは間違ったやり方であると考えるようになった。そしてあるとき、気づいたのである。「生産性を高める〝ソリューション〟のほとんどは事態を悪化させる」という真実に。

私のもとを訪れる起業家や経営者、あるいはほかのリーダーたちはたいてい、生産性とはより多くのことをより迅速に行うことだと話す。そう考える理由は、人類が製造の時代を経験してきたからだろう。そこでは、人々が特定のタスクセットを繰り返し行う。その頻度を上げれば、収益も上がった。しかし、私の仕事はそうではない。私がコーチする人々の仕事も違う。そして、おそらくあなたの仕事もそのような反復作業ではないはずだ。今の私たちは既存のプロセスを少しずつ改善するのではなく、目を見張るほど多様な仕事をこなしながら斬新で有意義なプロジェクトの実行を通じて収益に貢献している。

ここに問題の根っこが潜んでいる。古い考え方にもとづいて生産性を高めようとしたところで、結局燃え尽きてしまい、本当のポテンシャルを引き出すことができないのだ。燃え尽きるのを避けながら、才能を発揮するのが本来の目的なのに。誰も赤の女王に追いつくことはできない。それに、進む方向が間違っているのなら、いくら速く走ったところで意味がない。考え方全体を改めるときが来たのである。

新しいアプローチ

私がコーチするビジネスリーダーのうち最も生産的な人々は、生産性とはより多くを成し遂げることではないと理解する。生産性とは、やるべきことをすることなのである。明確な目的をもって一日を始め、満足感と達成感を覚えながら、エネルギーを使い切らずにその日を終える。より少ないことをして多くを達成する。その方法を示したのが本書だ。

私はそれぞれ三つのアクションで構成される三つの単純なステップからなる総合的な生産性システムを「フリー・トゥ・フォーカス」と名付けた。助走として、三つのステップをここで紹介するので、はやる気持ちを抑えて、まずは一読していただきたい。

ステップ1・ストップ

あなたはきっとこう考えただろう。「ストップ？　きっと何かの間違いに違いない。生産性への最初のステップは〝ゴー〟でなくてはおかしい！」と。いや、そうではないのだ。実際のところ、ほかの生産性システムのほとんどがこの点ですでに間違っていて、あなたにいきなりもっと多く、もっと速くなる方法を教えようとする。「なぜ、何のために、生産性を高めるのか？」と自問する時間も設けずに。しかし、この問いかけこそが重要なのだ。なぜ働いているのかを知らなければ、自分がどう働いているかを適切に評価することすらできない。これが、「フリー・トゥ・フォーカス」が最初のステップとして〝ストップ〟を呼びかける理由である。

その際、第一のアクションは「具体化」だ。何のために生産性を高めるのか、はっきりと自覚する役に立つだろう。私たちの目的は、鏡の裏側ではなく、現実世界で機能するように生産性を再構築することにある。次のアクションは「評価」。さほど集中する必要のない雑事から高い集中を要求する活動をふるい分けるのに必要だ。ここであなたはあるツールに出合うことになる。それをうまく使えば、あなたはエネルギーの使い方を、使う時間と場所を、刷新することができる。最後のアクションは「回復」。つまり休息を利用して成果を高める方法を知ることだ。

ステップ2・カット

自分の立ち位置と望みがはっきりとしたら、ステップ2の「カット」に進む。ここで、生産性にとっては、何をしないかという決断が、何をするかという問いと同じぐらい重要であることを学ぶ。ミケランジェロは大理石をつなぎ合わせながらダビデ像を完成させたのではない。さあ、あなたもノミを手に取ろう！

最初のアクションは「排除」だ。ここであなたは生産性に関する二つの強力な言葉を習い、それを利用して時間を奪う盗っ人を追い払う方法を知ることになる。次に「自動化」。あまり集中する必要のないタスクを少ない労力で行う方法を確立することで、時間と注意力を取り戻す。最後は「委任」だ。この言葉が嫌いな人は多いだろうが、心配はいらない。あなたの皿から仕事を他人に取り分けながらも、あなたの満足のいく成果を確実に得る方法を紹介する。

ステップ3・アクト

必要でない仕事をすべて排除できたら、いよいよ行動のときだ。ここであなたは、より少ない時間で、そして何より大切なことに、より少ないストレスで、重要なタスクを成し遂げる方法を学ぶことになる。

このステップで最初のアクションは「統合」、つまり、三つの行動カテゴリーを活用してフォーカスを最大限にすることだ。次に来るのが「指定」。緊急事態に苦しめられることがないように、各タスクをあなたのスケジュールに合うように仕分けする方法をここで学ぶ。最後に、中断や邪魔をなくして、能力と才能を最大限に発揮することで「活性化」を図る。

本書には、私の指導を自分の人生に応用した人々が数多く登場する。私が彼らに教えたのと同じ内容を、あなたも知ることになる。九つのアクションを紹介するが、そのどれも最後はエクササイズで終わっているので、各手順をすぐに実践できるようになるだろう。これらの過程を飛ばしてはいけない。すべて、あなたの成功に欠かせない部分である。ノンストップの妨害や処理しきれない数の雑用で前に進めない日々はもうすぐ終わる。忙しい一日に疲れ果ててベッドに転がり込むのに、何を成し遂げたのかがわからない夜も。

人生のリセットボタンを押し、職場の内側だけでなく外側でも、最も重要な目標のために時間とエネルギーを確保するシステムを起動するときが来たのだ。

あなたにはそんな日々が想像できるだろうか？　何に時間を使うか、貴重なエネルギーをどう使うか、完全にコントロールしながら、多くを成し遂げた一日の終わりになってもまだエネルギーが余っていて、満足しながら枕に頭を沈める自分を、思い描くことができるだろうか？　そのときは実際に近づいている。本当にやることを減らしながらも、より多くを成し遂げることが可能なのだ。さあ、最初の一歩を踏み出そう。

FREE TO FOCUS

より多くを成し遂げるのが
生産性ではない。
生産性とは、
やるべきことをすること。

Productivity is not about getting more things done; it's about getting the right things done.

フォーカスへのステップ

自分の生産性を評価する

読み進める前に、FreeToFocus.com/assessmentにある「Free to Focus Productivity Assessment（フリー・トゥ・フォーカス生産性評価）」をやってみることをお勧めする。今のあなたの生産性を知る手軽で大切な方法だ。スコアが低くても、自分を責めないこと。低いスコアを高くするのが、本書を読む目的なのだから。あなたはおそらく、自分が抱える問題のいくつかに気づいているはずだ。それを隠す必要はない。もし、今すでにスコアが高くても、本書を本棚にしまう理由にはならない。今がどうあれ、必ずさらなる成功につながるより高いレベルは存在するのだから。FreeToFocus.com/assessmentで、自分の生産性スコアを確認しよう。

ステップ1 ストップ

STEP1 STOP

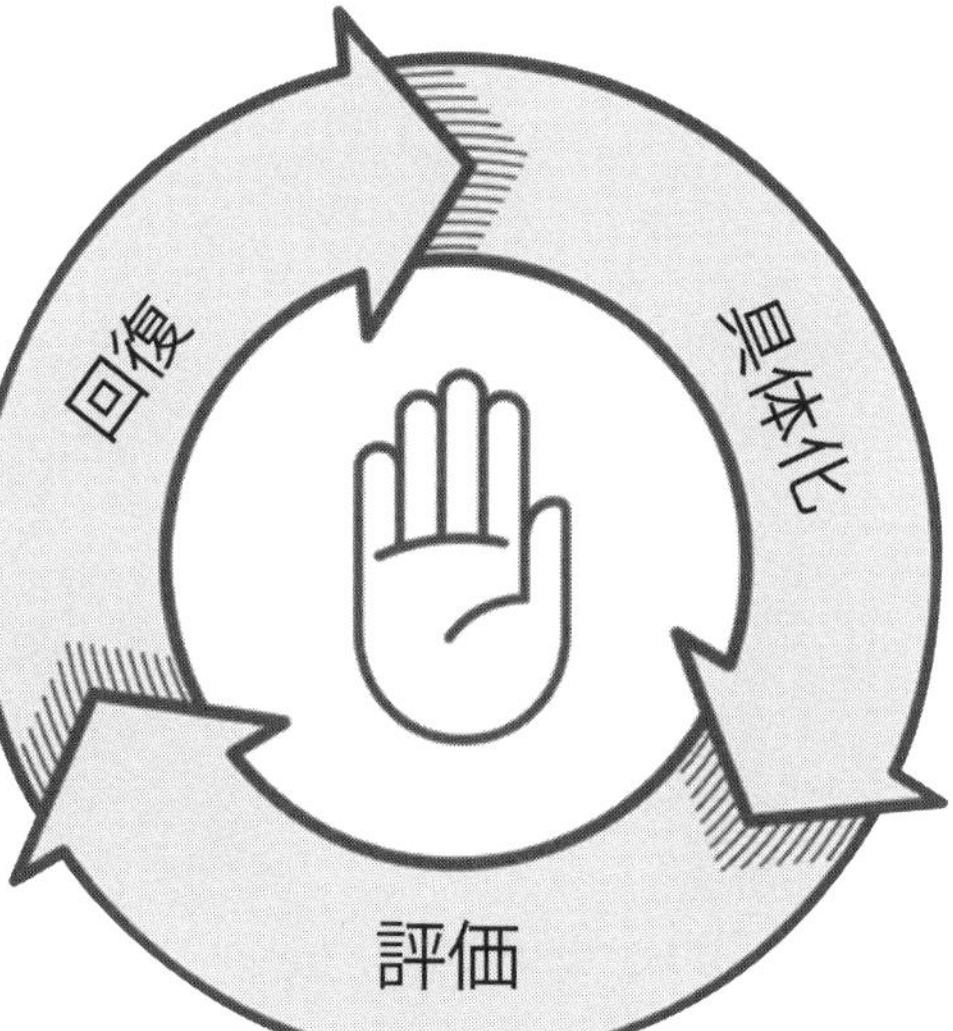

第1章　具体化
やりたいことは何？

FORMULATE: Decide What You Want

「どっちへ行けばいいのか、教えて」
「それは君がどこへ行きたいのかによるよ」

アリスとチェシャ猫の会話

ドラマ『アイ・ラブ・ルーシー』でルーシーとエセルがチョコレート工場で働くことになったシーンを覚えているだろうか？　仕事の内容は、ベルトコンベアで流れてくるトリュフチョコを包装すること。たった一つのチョコでも包装されないまま床に落ちればクビにするぞ、と上司はまくしたてる。二人は仕事に取りかかるが、チョコレートがどんどん流れてくる。さばききれなくなったチョコレートを、ルーシーとエセルは口に放り込んだり、かぶっていた帽子に投げ入れたりする。チョコの猛攻が終わったとき、上司が仕事の成果を確認しにやってき

CBS Photo Archive/CBS/Getty Images

仕事で出くわす多すぎるタスクを、要求を、任務を、どこに詰め込めばいいのだろうか？たとえルーシーやエセルのようになんとか取り繕うことができても、その報酬として、さらなる仕事が与えられる！

た。上司はルーシーとエセルが包装していないチョコを隠しているとは思わないので、きちんと仕事ができたのだと考える。さて、二人へのご褒美は？「スピードを上げろ！」と、上司はベルトコンベアの操作係に命じたのだった。

今現在、ルーシーとエセルと同じ気持ちになっている人は多いだろう。私もその一人だ。四六時中そのような思いを抱いている人も少なくない。私たちにとって、迫り来るのはチョコレートではない。メール、文書、電話、報告書、プレゼンテーション、会議、締切りなど、やるべきこと、やり直すべきこと、考えるべきことが、止まることのないベルトコンベアに乗って押し寄せてくる。私たちにできることといえば、生産性を限界まで高めようとすることぐらいだ。

そのために夜中まで作業を続けたり、平日に終えることができなかった仕事を週末に持ち込んだりする。頭のなかの製造ラインが仕事であふれかえり、精神や感情だけでなく肉体的にもエネルギーを消費する。だから私たちは生産性を高めるためのヒントやトリックを探し求める。集中力を要する百万のタスクのそれぞれを、数分だけでも早く終わらせる方法を見つけるために。もし、チョコレートの一つひとつをコンマ数秒でも短い時間で包むことができれば、ひょっとしたら、あくまでもひょっとしたら、仕事に追いつけるかもしれない。そのやり方でうまくいく人もいる。しかし、問題の根本が解決しないので、このアプローチ法は間違っていると言える。容赦のないペースで押し寄せる仕事を完璧以上にこなすことに成功するか、それに押しつぶされるかの二択なのだが、いずれにせよ、どうしてそんなことをしているのか、私たちは自問するために立ち止まろうともしない。

だから、ここで一度立ち止まって、問いかけてみよう。私たちは生産性についてどう考えればいいのだろうか？　どうして生産性を高めたいのだろう？　何のために？　真の生産性は、心から欲しているものをはっきりと意識することから始まる。本章では、上司の「もっと速く！」とは違う本当に役に立つ方法として、あなた独自の生産性を具体的に考えるヒントを紹介する。これは大切なことだ。なぜなら、正直なところ、多くの場合で私たち自身が自分に「もっと速く」と迫る上司になっているのだから。鏡の向こう側では、私たちはアリスだけでなく、赤の女王になることもあるのだ。

問題の核心にいたるために、まずは生産性に関係する三つの共通目的を見てみよう。少しネタバレになるが、最初の二つはとても一般的だが、基本的にはあまり効果がない。しかし三つ目は、あなたに人生を変えるほどのインパクトをもっている。

目的1　効率

誰でもいいので、身のまわりの人に生産性の目的とは何か、と尋ねてみよう。するとかなりの確率で、効率がどうこうという答えが返ってくるはずだ。前提として、短い時間で仕事をすることはいいことだ、という考えがあるからだろう。しかし、これがトラブルの種になることが多い。というのも、私が思うに、仕事を速くしようとする人は、ただでさえ忙しい一日に、さらに多くの仕事を詰め込むことになるからだ。

「生産性」という考え方そのものは、一九世紀末から二〇世紀初頭に活躍したフレデリック・ウィンズロー・テイラーなどといった効率の専門家から来ている。エンジニアリングの考え方を工場労働者に応用することで、テイラーは効率を上げる方法を発見した。その方法とは、基本的に労働者の自主性を減らす、あるいは制限することだ。彼は「システム第一」を掲げ、その実現をマネジメント側が「強制」しなければならないと主張した。[1] テイラーは管理者に対して、無駄や障害をなくすために、労働者にこと細かに方法や流れ作業を指示するよう求めた。この方法はテイラーイズムと呼ばれ、それなりの成果を残した。工場は効率が上がり、労働者は短い時間でより多くの作業ができるようになったのだが、それには犠牲がともなっていた。従業員の裁量と自由を制限することで、テイラーは彼らを製造ロボットに変えたのだ。

テイラーは一〇〇年以上前に亡くなっているのに、私たちはいまだに彼が提唱した基本的な効率性モデルに従って、長時間働きながらできるだけ迅速に可能な限り多くのタスクをこなそうとしている。ところがそこには問題が潜んでいる。現代の私たちのほとんどは工場労働者ではなくて、オフィス労働者なのである。肉体ではなくて、頭を使った労働をするために雇われているのだ。そのため多くの場合で、時間の使い方を自分で決めることができるし、どのような形で仕事に取り組むかも自由だ。二〇世紀の工場労働者は連日決まった種類の仕事を繰り返せばよかったが、私たちはつねに新しい課題、機会、または問題に直面する。対策を見つけるために、あるいはそもそも仕事をこなしていくために、相当な精神力を使わざるをえない。

テイラーはより迅速に作業を行う方法を見つけようとした。しかし、彼の方法を知識経済(knowledge economy)に当てはめると、仕事に終わりがなくなってしまう。検討しなければならないアイデアや解決しなければいけない問題はいくらでもあるし、すべてがうまくいって仕事に一段落がついても、その報酬として——そう、そのとおり——次の仕事が与えられるのだから。これではまるで回し車を回すハムスターで、必死になってできるだけ速く走ろうとするのに一歩も前に進めず、計画やタスクだけが山積みになっていく。速度を落とせば、仕事に絶望的な遅れが出てしまう、という不安が募る。回し車から降りてしまえば、もう戻れないかもしれない。だから、走りつづけるしかないのだ。人はなぜ、昼も夜も、週末も、それどころか休暇中も仕事のメールを確認するのだろうか？　数時間、丸一日、あるいは一週間——絶対にあってはならないこと――も確認しなければ、メールが山積みになってしまうと恐れるからだ。

「生産性とは、やることを増やすことだと思います」と言ったのは、私のコーチングのクライアントであるマットという人物だ。数百万ドル規模の暖房および配管企業の創業者にしてCEOでもあるマットは、どうすれば今以上に多くの仕事を片づけることができるかと、つねに考えながら生活していると言う。「仕事を多くこなせばこなすほど、ほかのことをしなければならない時間も増える――新しい何かが来るたびにそれに飛びつく、そんな感じです。もう少し余裕があれば、もっと多くを成し遂げられて、収入も実現できる計画も増えるはず。だから、つねにもっともっと考えるのです」

マットにはのちにもう一度登場してもらうことにしよう。ここで頭に入れておくべきは、大切なのは「この仕事をもっと速く、簡単に、安く終わらせることができるだろうか？」ではなくて、「そもそもこの仕事をすべきだろうか？」を問うことであるという点だ。テクノロジーのおかげで、情報に、他人に、仕事に、以前とはまったく違う形でアクセスできるようになった現代こそ、かつてのどの時代よりもこの問いかけが重要になる。現代の私たちは、好きな時間に好きな場所で働けるようになった。私たちが手に入れた奇跡的な技術の力により、物事は改善どころか、むしろ改悪したと言える。例えばスマートフォン。それがあれば簡単に、そして効率よく仕事ができるようになって、ほかのことに関心を向ける時間が増えるはずだった。では、スマートフォンやタブレットのおかげで、あなたは自由な時間が増えただろうか？　おそらく、真実はその逆だろう。

理屈としては、今の私たちは以前よりも効率的になったと言えるかもしれない。ほんの一五年ほど前まで、ほとんどの人は今の私たちがポケットに入るスーパーコンピュータを使って何をしているか、想像すらできなかったのだから。電話、メール、スケジュール、タスク管理、ビデオ会議、スプレッドシートの確認、ドキュメントの作成、レポートの閲覧、クライアントへの通達、旅行の予約、物資の注文、プレゼンテーションの作成など、基本的に何でもスマートフォン一つで事足りてしまう。信号待ちのあいだで取引を成立させることも、スーパーのレジに並んでいる時間を使って請求書を確認することもできる。それどころか、アプリで注文すれば、レジの前で並ぶ必要もない。

私はテクノロジーが大好きだ。オタクと呼ばれたってかまわない！　しかし、以前とは違って、今の私は技術をより深く理解するようになった。新しいソリューションの登場により、私たちは仕事を短時間でこなせるようになったかもしれない。しかしそれよりも重要なことに、効率が高まったことでより多くの仕事を抱え込む誘惑や期待も生じてしまった。トリックを駆使しながら効率を上げて時間を節約し、その空いた時間にさらに多くのタスクを詰め込む。私たちが発見したのは、ベルトコンベアのスピードを上げる方法だった。その結果、包むことも隠すこともできなくなったチョコレートの山に押しつぶされているのである。

目的2　成功

もし、効率を上げることが目標ではないのなら、より大きな成功を手に入れるためにはどうすればいいのだろうか?

生産性を上げることがより大きな成功につながる? たしかにそう言えるかもしれない。しかし、成功というそれ自体漠然とした考えを追うと、私たちは壁にぶつかることになる。問題は、私たちのほとんどは「成功」という言葉の意味を自分なりに理解しようとしないことにある。まるでゴールラインのない競争、あるいは目的地を知らない旅行だ。目的地がはっきりとしていなければ、到着しても気づかないではないか。この点は、人々がとりわけ神話や作り話を信じ込みやすいアメリカで大きな問題になる。私たちはより多くの製品、成果、クライアント、利益を目指す。その結果、より多くのもの――家、おもちゃ、豪華な休暇、車――を手に入れることができるようになる。それがまた、より多くの仕事とストレスにつながり、最後には燃え尽きてしまうのだ。

私のコーチングのクライアントに、ロイという人がいる。公認会計士として、ある大手木材会社のために働いているのだが、彼は悩みを抱えていた。「業界の標準と比べれば、私はとても生産的だったのですが、個人的には目標を達成できずにいて、壁にぶつかっていました」と、ロイは言った。「私は疲れて力を出せずにいて、ストレスを抱え込んだまま、目標に近づけなかった。だからもっと必死に働こうとしたのです」。すでに週七〇時間、ときにはそれ以上働いているのに、ロイは成功するためにはもっと頑張るしかないと考えた。
「頑張りつづければ向こう側に出られると思っていたのに、その考えは間違いでした。もっと時間をかければ目標にたどり着けると真剣に考えていたのですが、結局のところ、ほとんど燃え尽きてしまって」。それが感情的なもつれにつながり、まずは家族に、さらには仕事そのものに悪影響が広がっていった。職場の同僚との関係がギクシャクしはじめたのだ。ロイはこう言う。「仕事を始めるときに、私はもう疲れていて、仕事終わりの時間にも疲れていました」
まさに悪循環なのだが、ロイだけでなく多くの人々がそのような状態に陥っている。ギャラップ調査によると、アメリカ人の平均労働時間は週四〇時間よりも五〇時間に近いそうだ。五人に一人は週に六〇時間以上働いている。[2] 肉体労働者が長時間のシフトで働いているのだろうと思うかもしれないが、そうではない。最も労働時間が長いのは、おもに管理職やオフィスワーカーなのだ。[3] 一〇〇〇人の管理者を対象にした調査によると、九四パーセント、つまりほぼ全員が毎週五〇時間以上働くと答えた。そのおよそ半数が六〇時間以上働いていた。長い通勤時間、家族との約束など、ほかにも時間を奪う要素が数多くあるため、彼らの多くは毎週二〇時間から二五時間、オフィスの外でもスマートフォンを使って仕事を管理しながら過ごしている事実も、同調査で明らかになった。[4]
私たちは今、ドイツ人哲学者のヨゼフ・ピーパーが「トータルワーク」と呼んだ時代に生きている。[5] そこでは労働が生活の中心を占める。その逆ではない。そしてこの時代がもたらすものは、正直なところ、明るい話題ではない。従業員の半分以上が疲れ切っていると答え、四〇パーセントが月に一回は週末も仕事をする。四分の一は就業時間後も仕事を続け、半数は休憩を取るためにデスクを離れることすらできないと言う。[6] クロノス・インコーポレーテッド・アンド・フューチャー・ワークプレイスが六〇〇人を超える人事責任者を対象に調査したところ、彼らの九五パーセントが、従業員の確保において燃え尽き症候群が大きな問題になっていると答えた。彼らの指摘では、燃え尽き症候群の三大要因は低賃金、長時間労働、そして多すぎる仕事量だそうだ。[7] グローバルベネフィット意識調査によると、ストレスを抱えた従業員は、仕事に満足している健康な同僚に比べて、欠勤が明らかに多く、生産性も低いそうだ。[8] 研究者の発表で特に心苦しいのは、アメリカだけをとってみても、年間で少なくとも一二万人もが職場でのストレスが原因で命を落としているという事実だろう。[9] 一九七〇年代の日本では、この問題があまりに深刻だったので、「仕事のしすぎによる死」を意味する「過労死」という単語が生まれたほどだ。[10]

「成功」というよくわからない何かを成し遂げるために生産性を高めようとする態度は正しくない。このことは明らかだろう。病気、死、あるいは死にそうな生活を送ることが成功だとは、私には思えない。私たちはロボットではないのだ。私たちには頭を切り替える時間が、家族と過ごしたり、楽しんだり、遊んだり、体を動かしたりする時間が欠かせない。仕事のことを考えない時間、意識すらしない時間が多く必要なのだ。それなのに、たいていの場合で、私たちは「成功」を求めるあまり、つねに活動しながら緊張していて、いつでも仕事ができるように準備している。これではあなたも、あなたの雇用主も、痛い目に遭うことになる。たしかに、成功はやる気の源になる――しかし、そのためには自分自身にとっての成功とは何なのかを、理解していなくてはならない。

目的３　自由

生産性が基本的に効率の向上やストレスの増加と無関係だとするならば、何を目指せばいいのだろうか？　何のために生産性を高める？　この問いが私たちに真の目標であり、「フリー・トゥ・フォーカス」の基盤となる存在に気づかせてくれる。あなたにとって最も大切なことを追い求める「自由」を与えてくれるのが生産性なのである。生産性の真の目的は自由であるべきだ。私は「自由」を四つの意味で解釈している。

１　フォーカスする自由

スケジュールを完璧にこなし、効率を高めて成果を上げたうえで、自分の好きなことに使う時間を増やしたいと願うなら、フォーカスする方法を学ばなくてはならない。ここで私が「フォーカス」と呼んでいるのは、重大な影響をもつ仕事、針を大きく動かす仕事に意識を集中し深く入り込む能力のことだ。毎晩自分がゴールに近づいていることを自覚し、達成感を覚えながらベッドに入るために、あなたは仕事を通じてあなた自身の世界に実在する問題を解決したいと願っているはずだ。

　まず、最近の二週間を思い出してみよう。あなたには、仕事にフォーカスできた――つまり、完全に集中した――自由な時間がどれぐらいあっただろうか？　あなた個人にとってさほど重要ではない電話やテキストメッセージやメールなどに気を紛らわされることなく、誰にも話しかけられたり質問されたりすることもなく、腰を据えて、一〇〇パーセント集中しながら一つのことをする時間があっただろうか？　もしあなたが、ほかの多くの人と同じような生活を送っているなら、おそらくそのような時間はほとんどなかったに違いない。たとえ、職場を離れて自宅や喫茶店などで仕事をしても、つねにスタンバイしているスマートフォンやコンピュータのせいで、数え切れないほどの妨害が舞い込んでくるのだから。

　すでに指摘したように、平均的な労働者は三分に一回はそのような妨害に遭っている。そのような形で仕事が少し中断するたびに、フォーカスする能力が大きく損なわれるのだが、この点はのちに詳しく説明することにして、ここではそのような中断は好ましいことではないと言うにとどめておこう。もし、あなたが三分以上一つのタスクにフォーカスした記憶がほとんどないとしても、あきらめる必要はない。あなただけがそうなのではないのだから。あなたがなくしてしまったフォーカスを取り戻すために、「フリー・トゥ・フォーカス」が生まれたのだ。とにかく、私を信じてもらいたい。

FREE TO FOCUS

生産性は、いちばん
大切なことをする自由を
あなたに与えてくれる。

Productivity should free you to pursue what's most important to you.

2　存在する自由

仕事のことを話したり心配したりしながらデートの夜を過ごした経験が、あなたにもあるだろうか？　家族や友人と外出しながら、メールやメッセージの着信を確認したことは？　すでに紹介した統計から、私たち人類は、オフィスを忘れて人間関係や健康や幸福にフォーカスする能力に乏しいことがわかる。名目上仕事をしていない時間でさえも、私たちは終わっていない仕事を抱えたまま活動する。

仕事の義務から解放されることができなければ、心から家族や友人の相手をすることも、必要な休息を得ることもできない。アメリカの報道機関の一つであるジ・オニオンは、この問題を風刺して「娯楽を目の前にした者は、突然自分が抱える数々の仕事の一つひとつを思い出す」という見出しの記事を書いた。友人が開いたバーベキューパーティに参加した男が、「今まさにようやくリラックスしようとしていた」のだが、おもむろに「返信しなければならない仕事のEメール、迫り来るプロジェクトの締切り……折り返しかけなければならない電話がある」ことを思い出した。「楽しいひとときを過ごすという誘惑にぐらつきそうになりながらも」、彼は「頭のなかでプレゼンテーションの準備にいそしんだ」のである。[11]この物語は本当に笑える。なぜなら、真実だからだ。

より長く仕事をする時間をつくるための効率や、遊びの時間を削ってまで仕事をする成功には、私は興味がない。私が求めているのは効率性ではなくて生産性だ。自分がいる場所に完全に存在できるだけの余裕を手に入れたい。つまり、職場にいるのなら、完全に仕事に打ち込み、妻のゲイルといっしょにいるなら、完全に彼女のもとに存在したい。私の人生にとって大切な人々は、完全な私を受け取ってしかるべきだし、私自身、仕事のことを心配する時間やエネルギーを使ったあとの余力で彼らの相手をするようなまねはしたくない。

3　自発的である自由

ばかばかしいと思う人もいるかもしれないが、私は日ごろから自発的である自由は大切だと感じている。多くの人は、生活のすべてを、最後の一分にいたるまで、綿密に計画して、いかなる妨害や変更も受け入れようとしない。しかし、そのような人生が楽しいとは思えない。代わりに、子供や孫が顔を見せたときに、いつでも仕事の手を止められる生活を想像してみよう。そのような自発性が可能なのは、あなたの人生に余裕がある場合だけだ。そして、そのような余裕こそ、真の生産性の副産物なのである。最重要のタスクだけをこなし、快適に処理できる量を超える仕事を抱え込むのをやめたとき、あなたは自発性の自由を見つけるだろう。

4　何もしない自由

私たちはつねにスイッチが入った状態でいて、それを美徳だと考えている。しかしのちに見るように、つねに〝オン〟であることで生産性が損なわれてしまう。それに、喜びも失われる。イタリアのトスカーナ地方を訪れた妻と私は、「何もしないことのすばらしさ」を発見した。これはイタリア国民なら誰もがもつ才能だと言える。アメリカ人は何もしないことに罪悪感を覚える。正直なところ、私も何もしなければ自分のことを非生産的に感じることもある。しかし、そこが重要な点なのだ。

私たちの脳は、ノンストップで活動するようにできてはいないのである。頭のギアをニュートラルに入れると、アイデアが自らあふれ、記憶が整理されると同時に、休息ももたらされる。考えてみれば、仕事においても、プライベートな生活においても、画期的なアイデアはほとんどの場合で、リラックスして思考をさまよわせているときにこそ生まれてくるものだと気づくだろう。創造性は集中していないときに発揮される。したがって、ときどき何もしない時間を設けることは、競争にとっても有利なのである。

正しいことをする

私が挙げた自由は実現するのが不可能だと思えるかもしれない。しかし、必ず実現できると約束しよう。フォーカスする自由を手に入れる最初の「アクション」は、自分の目標をはっきりと見定めることだ。すでに指摘したように、最高の目標はあなたにとって最も大切なことにフォーカスする自由を得ることだろう。生産性とはより多くを成し遂げるという意味ではなく、やるべきことをするという意味なのだから。やることを減らしながら、今までよりも多くを達成する――その方法を示すのが本書の役目だ。

では、〝やることを減らす〟とは、どういう意味なのだろうか？　本書を通じてその答えを示すが、ひとことで言えば、情熱を傾けることができない、重要でもない、得意でもない、それなのにあなたの時間を奪っているタスクのすべてを切り捨てる、という意味だ。自分の得意なことだけに集中し、残りを切り捨てたりほかの人に任せたりすることができれば、生活が好転する。モチベーションは高まるし、成果もよくなる。余裕ができて、仕事にも生活にも心から満足できるようになるだろう。

あまりにも頻繁に、私たちは生活を仕事に合わせている。まるでバスタブのなかでクジラを泳がせるように、仕事を一日の中心に据えてしまうのだ。そして、それ以外の生活を仕事前後の隙間に詰め込もうとする。私が思うに、これは逆であるべきだろう。まず生活をデザインしてから、仕事を生活に合わせるのだ。それほど大変なことではない。私は毎年、数百人の起業家や経営者にこの変化を促す手助けをしているし、何千人もの人が人生に同じような変化を取り入れようとしているという話も聞いている。その結果、仕事の質が向上しただけでなく、生活全般の満足度も高まることがわかっている。

そのため、大企業も含む数多くの会社が労働時間の短縮と従業員の選択肢の拡大を実験的に導入していて、実際に効果があるようだ。スウェーデンにあるトヨタの工場はシフト時間を六時間に短縮した。すると、従業員はそれまで八時間をかけて行っていた作業を六時間で終わらせることができただけでなく、幸せにもなったし、離職率も下がったし、利益も上がったのだ。[12]

そのようなポジティブな変化が生じることは、以前から知られていた。一九二六年、ヘンリー・フォードはフォード・モーターをアメリカで最初の週四〇時間モデルの会社――週休一日ではなく、現在では一般的な週休二日の企業――につくりかえた。そのような決断を、当時のビジネスアナリストたちはまったく評価しなかったが、先見の明があったのはフォードのほうだった。ヘンリー・フォードの息子にしてフォード・モーターの社長でもあったエドセル・フォードはニューヨーク・タイムズ紙にこう語った。「人は誰もが、休息と気晴らしのために週に一日以上を必要としている……。正しい人生を送るために、誰もがもっと多くの時間を家族とともに過ごすべきだと私は信じている」[13]

もちろん、週休二日制の導入でフォード社員の士気は上がったのだが、それだけでなく収益にも好影響が現れたので、人々の多くは驚いた。生産性が急上昇したのだ。工場労働者は会社に対する思いを新たにし、仕事に向ける熱意も増した。仕事時間が四〇時間に減り、土日が休みになったにもかかわらず、従業員たちは少ない時間でより多くを成し遂げ、会社をかつてない高みへと導いたのである[14]。

FREE TO
FOCUS

最初に生活を
デザインしてから、
仕事を人生の目標に
合わせよう。

We should design our lives first and then tailor our work to meet our lifestyle objectives.

あなたのビジョンは？

ここで立ち止まって、生産性のビジョンについて議論するのはどうしてだろうか？　今すぐにヒントやトリックあるいはアプリケーションなどに飛びついては、基本的な部分がおろそかになってしまう。本質的な問題は私たち自身のなかにあって、私たちは何世紀にもわたってその問題に取り組んできた。今のトルコに位置するカイサリアの大主教バシレイオスが、すでに四世紀に、修道院に移り住んでこう述べている。「私は自分の人生を街に置いてきた。しかし、自分自身を置き去りにすることはまだできていない」。バシレイオスはその状況をある人物にたとえた。その人は大きな船で船酔いしたので、小型ボートに乗り移ることで酔いを覚まそうとする。でも、うまくいかなかった。その人は自分といっしょに船酔いももってきてしまった。バシレイオスは問題の本質を次のように説明した。「我々は問題を抱え込んでいるので、同じ種類の問題から開放される場所は存在しない」[15]

私たちのほとんどは、小型ボートに乗り移ろうとする船酔いの男のように、生産性を高めるきらきらと輝いて見える新しい方法を受け入れようとする。「これでやっと安心できる！」とばかりに。しかし、そのような方法はうまくいかない。私たちは新しいアプリやデバイスに乗り換えれば問題を解消できると考えるのだが、そんなことをしても生産性にまつわる本質的な問題を引きずり回しているだけなのだ。まったく違うこと、役に立つことをするには、生産性について考え直さなければならない。効率を上げること、より大きな成功を手に入れることばかりを目指していては、失敗は免れない。生産性とは、あなたにより多くの時間を取り戻すものであり、あなたをもっと忙しくするものではない。

私のコーチングを受けるクライアントのほとんどは自由を欲している。また、彼らの生活における自由とはどういったものか、具体的なイメージももっている。彼らは仕事を生活に合わせる前に、最初の一歩として、自分の人生がどのようになるべきかをしっかりと想像する。どこを目指すのか、はっきりとわかっているのだ。大切なのは、彼らが特別ではないと知ること。あなたがもっていない特殊能力を、彼らが有しているわけではない。彼らにはコーチがいたが、あなたにもいるし、あなたには選ぶこともできる。さて、あなたはどんな人生を想像するだろうか？　結論は人それぞれだろうが、少なくとも「仕事の時間を減らしながらも生産性を高めることができる」と想像できたことを、私は望んでいる。自由になる時間を使って、あなたなら何をするだろうか？

何がしたいか、仕事は何時間ぐらいがいいか、タスクリストの項目数はいくつぐらいが好ましいか、どれぐらい頻繁に週末や夜にも働きたいか、自分に問いかけてみよう。あなたは何にフォーカスしたい？　結果を出すために、もっと時間をかけて働きたいのかもしれない。本当に望んでいるなら、それでいい。あるいは、スピリチュアリティ、知的欲求、家族、友人関係、趣味、地域活動などに専念する時間を増やしたいと願うかもしれない。すべてはあなた次第だ。あなた以外に誰も、あなたにとって最も大切なことを決めることなどできないのだから。それが何か理解できたら、貴重な人生のためにそれをずっと心に抱きつづける。それがあなたという船の航海を導く星になる。それがなければ、あなたは方向を見失うだろう。時間とエネルギーをフォーカスする対象を選ぶ自由こそ、生産性がもたらす利点なのである。

ここで紹介する「生産性ビジョン」のエクササイズを行ってから、次の章に進もう。第二章では、あなたが自分のビジョンにどれぐらい近づいているか、これからどの方向へ進めばいいかを評価する。

生産性ビジョン

人生に新しいビジョンを描くには、何よりまず真剣に考えることが欠かせない。自分の人生はどう発展していくべきか、なぜそれが大切なのか、頭のなかではっきりとイメージを思い浮かべるのだ。その手始めに、FreeToFocus.com/tools にある「Productivity Vision（生産性ビジョン）」をやってみよう。最初に、自分にとって理想的な生産性を定義してみる。次に、それをいくつかの覚えやすくて強力な単語に分解する。最後に、そのビジョンを達成できたら何が手に入るか、そして達成できなければ何を失うことになるか、正確に描写することで利害をはっきりとさせる。

これがあなた自身の今後の人生のビジョンだということを忘れないでおこう。今現在、ビジョンを完全に実現するためのリソースはまだないのかもしれないが、だからといって夢をあきらめる必要はない。「フリー・トゥ・フォーカス」はあなたを目指す目的地へ運ぶ手助けとなるようにデザインされている。あなた自身が、目的地がどこにあるのかわかっていなければ、前に進むことはできない。

第2章　評価　針路を決める

EVALUATE: Determine Your Course

誰もが人生のどこかに行き着く。しかし、意図をもってどこかにたどり着ける人の数は少ない。

アンディ・スタンリー

自分で会社を立ち上げる前、私はトーマス・ネルソン出版のCEOを務めるという栄誉に浴していた。長年地道に働いてきた結果としてもたらされた栄誉で、私にとってはすばらしい機会だった。CEOになる数年前、私は所属する部門で二番目の指揮権をもつ副発行者を務めていた。二〇〇〇年の七月、私の上司が突然引退し、私にあとを継いでくれと言ってきた。これをもって、私はトーマス・ネルソン社の商業書籍部門の一つであるネルソン・ブックスのゼネラルマネジャーに就任したのである。

副発行者だったころから、私は自分の属する部門がどことなくうまくいっていない気がしていたのだが、部門の長になったときに初めて目にした現実には、それでも驚いてしまった。私たちの分野は、どこをどう見ても大惨事だったのである。当時、トーマス・ネルソンには一四の部門があったのだが、私が率いる部門で儲けがいちばん少なかったのだ。本当に最下位だった。「利益が最も低い」というのは、表現としてはまだ優しいほうで、実際には前年に赤字を出していた。組織のほかの部門の人々は、私たちが会社全体の価値を下げていると不満を漏らしていた。何かを変えなければならなかった。

そのような危機的状況に直面したら、リーダーの多くはすぐに行動を起こして、売上を増やす方法なら何だって試したうえで業績の向上を図るだろう。私もそうする誘惑を感じたが、実際には違う道を選んだ。水漏れしているバケツを修繕することなしに、さらに水を注ぎ込んだところでどうにもならない、と考えたからだ。代わりに、私はしばらく職場を離れることにした。自分たちが今どこにいるのか、どうしてそこにいるのか、次に何をすべきかを詳しく評価するために、静かな時間が必要だったのだ。

その際、二つの目的があった。一つ目は、それがどれだけ心に突き刺さろうとも、現状をすべてさらけ出す。二つ目は、今後何を達成したいか、説得力のあるビジョンを得る。私はスタートとゴールの二つがはっきりしていれば、チームも私も今の場所から目指す地点へ進む方法を見つけられると確信していた。そしてのちに、この確信が正しかったことが証明されたのである。

私は、最初に得たビジョンが実現するまで三年はかかるだろうと予想していた。ところが、わずか一八カ月で業績が上向きに転じたのである。しかも、あらゆる点において予想していた数字を上回ることができた。こうして、かつては行き詰まっていたネルソン・ブックスが会社で最も急成長を遂げる部門に様変わりして、それからの六年間、最も収益性の高い分野になった。最下位から首位へ。優れたビジネス戦略があったからではない。スタート時の状況について包み隠さずにすべてを知ったうえで、どこを目指したいか、はっきりとしたビジョンを見つけたからこその大逆転だった。

次はあなたの番だ。

熱意と実力

第一章で、あなたは自分が目指す行き先の海図を書くことから始めた。「生産性ビジョン」のエクササイズを実行したのなら、あなたはすでに自分なりに説得力のあるビジョンを胸に抱いているはずだ（まだやっていないのなら、読み進めるのはやめて、まずはエクササイズをやってみよう。本書とエクササイズは互いに補い合う関係にあるので、どちらか一方を省くべきではない）。

あなたには目的地がわかっているので、次は、今どこにいるのかをはっきりさせる。そのためには特別なコンパスが必要だ。そのコンパスのことを、ここでは「自由のコンパス」と呼ぶことにする。あなたにとって生産性ガイドとなるこのツールを、私たちは本書を通じて何度も使うことになるだろう。あなたが間違った方角へ進まないようにするためのツールが自由のコンパスだ。タスク、行動、機会などを「熱意」と「実力」の二つの側面から評価する際の助けにもなる。熱意と実力を巧みに操ることができれば、生産性に対するあなたの考え方はひっくり返るだろう。繰り返し行うことが求められているタスクに対して、熱意を傾けるだけでも、実行する能力をもつだけでもじゅうぶんではない。その両方がそろわないと、あなたのエネルギーと業績が下がってしまう。熱意とは、要するにあなたが好きな仕事、やると元気が出る仕事のことだ。これまでの人生で、あなたは「会社はこんなことをさせてくれるうえに、しかも給料まで払ってくれるのか?」と感じたことがないだろうか? もしあるなら、それが熱意だ。あなたはきっと数多くの仕事をやり遂げることができるのだろう。しかし、いちばんやる気が出て満足できるのは、自分が大好きなことをしているときに違いない。もしあなたが仕事を愛していないのなら、その仕事を続けるのは難しい。

熱意とは、あなたが好きな仕事、やると元気が出る仕事のこと。

一方の実力はまったくの別物だ。仕事が楽しいか、などといった問題ではなく、どれだけ巧みにそれをこなすことができるか、ということだ。しかし現実問題として、あなたがどれだけ情熱を傾けていようとも、その仕事をうまくこなせないのなら、誰もあなたに給料を払ってまでその仕事を任せようとは思わないだろう。例えば、私は音楽の街として知られるテネシー州のナッシュビルに住んでいる。街中ミュージシャンだらけだ。しかし、彼らの多くは音楽業界ではなく、ウェイターやウェイトレスをやって生計を立てている。彼らは間違いなく情熱をもって音楽に取り組んでいる。あるいは、そんなこと意識もしていないだろう。彼らの多くはきっとかなりの腕前だ。ほかの街なら有名になれたかもしれない。しかしナッシュビルでは事情が違う。ここでは優れているだけでは足りないのだ。注目を浴びて成功するためには最高のミュージシャンでなければならない。

多くの人は実力と素質を混同しているが、この二つは同じものではない。素質とは何かをする能力、あるいはコツのようなもの。一方、実力とはそれ以上のものだ。実力とは、特定のタスクに習熟しているだけでなく、報酬に値する成果をほかの人の目にも見える形で生み出すことを意味している。経営者や起業家サイドから見れば、実力が売上や利益、あるいはほかの形の金銭的メリットに直結する。ミュージシャンの場合、実力はダウンロード数や販売数、観客数、あるいは受賞歴などに反映される。素質とはスキルがあるかどうかだけの問題。一方、スキルと貢献度の二つで評価されるのが実力だ。あなたが実力を世界に提供し、世界がその実力に報酬を与える。あなたがどれほどの才能をもっていようと、特定の分野で貢献しないのなら、実力はないに等しい。

FREE TO

FOCUS

素質はスキルだけを、
実力はスキルと
貢献度を表す。

Aptitude signals skill alone, while proficiency signals skill plus contribution.

生産性の四つのゾーン

熱意と実力の違いが明らかになったところで、「自由のコンパス」の仕組みを見てみよう。まず、実力がX軸、熱意がY軸のグラフがあり、その値に応じて四つのゾーンが区別できると想像しよう。この四つのゾーンがあなたの活動域になる。このグラフを使えば、なぜ特定のタスクをすると時間があっという間に過ぎ去っていくのか、どうしてほかのタスクをすれば時間が止まるような感覚があるのか、わかるようになる。ゾーンには好ましいものから順に番号を付けた。以下、最も避けるべきゾーンから始めて、理想へと近づいていこう。

ゾーン４：根気ゾーン

あなたが熱意も感じなければ、実力も発揮できないタスクが根気ゾーンを構成する。やりたくもないし、得意でもない仕事だ。退屈でどうしようもない作業がここに含まれる。

私の場合は、経費報告書、メールの処理、旅行の手配などだろう。熱くなることもないし、うまくもないので、いやいや取りかかるしかない。必要以上に時間がかかるし、成果もぱっとしない。まさに時間の無駄だ。なぜ「無駄」なのか？　私の時間とエネルギーは、私が本当に貢献できるほかの仕事にフォーカスすれば、もっと有意義に――もっと生産的に――利用できるからだ。私は昔から旅行の手配が苦手だったし、上手になろうと思ったこともない。では、どうしてそんな仕事をしなければならないのだろうか？

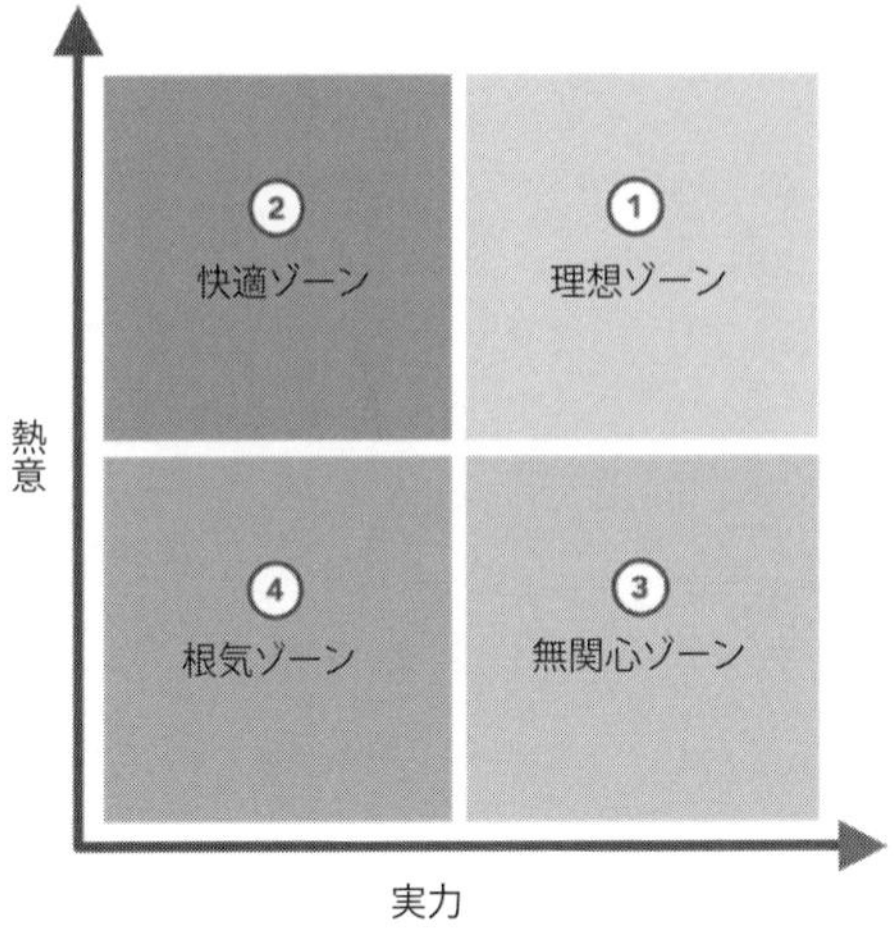

タスクを分類する基準として、熱意と実力を用いる。熱意も実力も高いタスクは、あなたが最も望んでいる仕事。両方とも低い場合は、疲れるだけのつらい仕事になる。

ここで見落としてはならないのは、ある仕事があなたにとって根気ゾーンに属するからといって、ほかの人にとっても根気ゾーンに含まれるとは限らないという事実だ。仕事自体が悪いわけではない。あなたが個人として、熱意や実力をもてないというだけの話だ。信じられないかもしれないが、世の中には、あなたが大嫌いな仕事を大好きな人もいるし、その逆のパターンもある。そのように個性のばらつきがあるからこそ、私たちの経済はなり立っているのである。

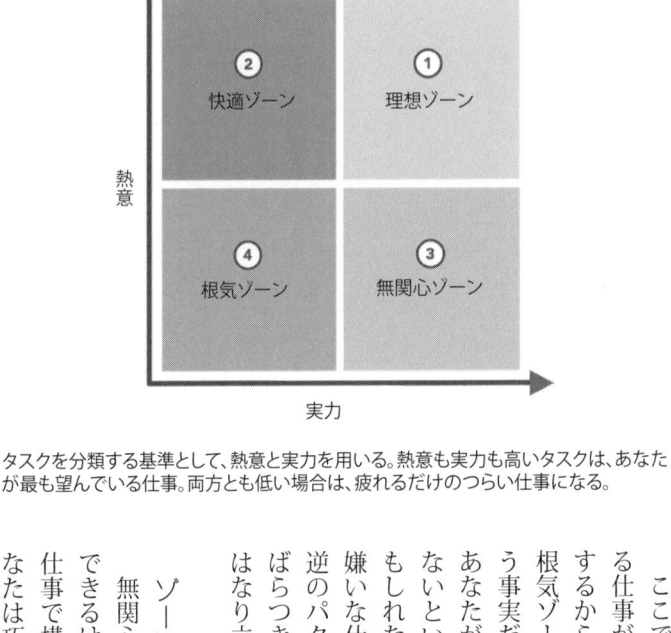

ゾーン3：無関心ゾーン

無関心ゾーンは、あなたが実力は発揮できるけれど、熱意を感じることはない仕事で構成される。この種の仕事を、あなたは巧みにこなすことができる。もしかすると、オフィスにいるほかの誰よりも得意かもしれない。それでも、やると疲れてしまう。なぜだろうか？　熱意が出ないからだ。特に関心があるわけではないので、退屈してしまう。私たちの多くは、根気ゾーンの仕事を避けようとするが、逆に無関心ゾーンでは立ち往生してしまうことが多い。なぜなら、作業そのものははかどるからだ。

私にも身に覚えがある。すでに述べたように、私は長年にわたり出版業界で活動してきた。本が好きだったので、この業界に飛び込んだのだ。モチベーションの伝道師として知られるチャーリー・トレメンダス・ジョーンズはかつてこう表現した。「五年後のあなたは今のあなたとほとんど同じ人物だ。唯一の違いは、あなたが出会う人々と、読む書籍だけである」。まったくもってそのとおりだと思う。実際、私が人生で成長してこられたのも、出会った人々と読んだ本のおかげだと言える。情熱が私を出版界へと導いた。そして出世の階段を上るにつれて、私は実力をつけていった。しかし、役職が高くなればなるほど、本作りに直接携わることが減っていった。

出世するたびに本から離れ、〝管理〟に近づいた。ＣＥＯにまで登り詰めたとき、仕事の中心は財務になっていた。私には金融の素質があったようで、次第に実力を発揮した。しかしながら、仕事に慣れはじめたころから熱意を失っていった。要するに、死ぬほど退屈したのである。問題は、そうした仕事をすることに対して、私は報酬を得ているという事実だった。それにこの問題の存在に気づいたことが、私がＣＥＯ職を放棄し、昔から愛する仕事、つまりコンテンツの創作にエネルギーを集中するきっかけになった。多くの人が同じような経験をしたと、私は聞いている。収入は確保できるので、もし無自覚なままでいたら、私たちは無関心ゾーンにとらわれたまま、数年あるいは数十年を過ごすかもしれない。

ゾーン2：快適ゾーン

このゾーンに入ると、生活は少し楽しくなってくる。快適ゾーンを構成するのは、あまり得意ではないけど、熱中できる仕事。やっていて楽しいし、疲弊することもない。でも用心しなければ、時間を無駄にしてしまいかねない。実力がともなわないので、このゾーンでの活動は大きな貢献にはつながらないのだ。

しかもたちの悪いことに、熱心に仕事に打ち込めるので、あなた自身は実力がともなっていないことに気づきにくい。実力の有無をいちばんよく評価できるのは第三者。だから、あなたは平均点以下の仕事を楽しくやりつづけた結果、大きく時間を無駄にしてしまうことになる。しかもそれに気づくのは自分がいちばん遅い。

ナッシュビルで活動する〝そこそこ〟のミュージシャンが代表例だが、彼らだけではない。マーケティングに口出しするのをやめられない財務主任。グラフィックデザインにかかわろうとするセールスパーソン。チームを率いるよりも、チームといっしょに仕事するほうが楽に感じるマネジャー。他人から本当にほかに類を見ない価値とみなされない限り、そのような仕事は快適ゾーンの活動と分類できる。快適ゾーンに含まれるタスクはどれだけ楽しくてもすべきではない、と自分に厳しく言い聞かせるべきだ。

ゾーン１：理想ゾーン

熱意と実力が交差する場所、自分の才能を解き放ち、ビジネスに、家族に、地域社会に……そして世界に、最高の形で貢献できる領域、それが理想ゾーンだ。あなたの目標が自由を手に入れることなら、理想ゾーンがあなたの目指すべき場所。あなたを理想ゾーンにもたらし、できるだけ多くの時間をそこで過ごす方法を示すことが本書の目的だ。

理想ゾーンでの仕事は、個人の生産性にとってはもちろんのこと、それ以外の側面にも大きな影響を及ぼす。私の知る限り、理想ゾーンで仕事をすることが職業という意味でも、人生全般という意味でも、成功するための最善の方法だ。少ない時間でより多くを成し遂げることができるため、家族や友人などに費やせる自由な時間が増えるからだ。前章で紹介した私のクライアントのロイのケースもそうだった。「理想ゾーンに集中し、ほかのすべてを切り捨てたことが、私に大きな変化をもたらしました」と、彼は言った。「理想ゾーンに含まれないすべてを、本当にすべてを、人任せにしてもいいのだと気づいたとき、想像以上の開放感を覚えました」

理想ゾーンの外の仕事を人に任せることで、ロイは本業に費やす時間を週七〇時間から四〇時間に減らすことができた。ここで「本業」と言ったのは、彼は今、余った一〇時間を使って、家族とともにほかの二つのプロジェクトを始めることができたからだ。熱意と実力の両方がそろっている仕事だけに専念する以前は、そのようなことをする余裕などなかった。彼の時間はエネルギーを浪費し、貢献度に乏しい低レベルタスクで満たされていた。

もう一人、ルネというクライアントも同じような経験をしている。ルネの会社はプライベートジェットの売買をしている。四つのゾーンの存在について知るまでの人生を、「まるでハムスターの回し車のようで……ずっと働きづめだった」と彼女は語る。熱意と実力の関係を理解することが、回し車から逃れる鍵になった。「おかげで理想ゾーンの項目に集中できるようになりました。『ずっと忙しくしている必要はない。深く考えて、いちばん大切なことにしっかりと取り組む時間ができたのだから』って、本当に言えるようになったのです」。ルネの場合、影響はすぐに現れた。彼女は週六〇時間から三〇時間にまで仕事を減らすことに成功したのだが、もっと減らしたいと今も意気込んでいる。仕事の選別で「重要でないものに煩わされることがなくなって、本当に人生そのものを取り戻せた」そうだ。

マリエルは会計事務所を経営している。私たちの多くと同じように、彼女の人生にも隅々にいたるまで仕事が入り込んでいた。私が協力しはじめたころ、彼女は週に六〇時間から七〇時間働いていて、休みの日でも仕事を忘れることができなかった。「両親も家業を営んでいたので、休みなく長時間働くことに私は慣れていて、仕事も大好きでした」とマリエルは説明する。しかし、仕事には種類があって、影響の大きいものもあれば小さいものもあることに、彼女は気づいた。「私を大きく変えたのはゾーンという考え方です。何に無関心で、何が根気を必要とするのか、どこに私の理想があるのかを知ることでした」。ゾーンを理解したことで、彼女は理想ゾーンの外にあるタスクを削除することも、自動化したり人に任せたりすることもできるようになった（ステップ２を参照）。

マリエルは仕事時間を三〇時間も減らしただけでなく、仕事そのものの量を減らしながらも事業を拡大したのである。ロイとルネにも、それどころか、熱意と実力が最高の形で交わる仕事をするすべての人にも同じことが言える。

ゾーンX：発展途上ゾーン

グラフには現れない五つ目のゾーンも存在する。私はそれを発展途上ゾーンと呼んでいる。まだ理想ゾーンの外側にあるけれど、理想ゾーンに近づきつつある仕事がここに含まれる。実力はあるけど熱心になれないが、少しずつ好きになってきている。あるいは、実力はまだ足りないが熱心に打ち込めるし、少しずつ上達もしている。そんな仕事だ。大切なのは向上すること。その感覚が熱意にも実力にも好影響を与える。

お決まりのパターンは存在しない。初めから熱意を感じることもあるし、生まれつき高い実力をもっていることもあるだろう。しかしどちらかと言えば、好奇心や興味、あるいは洗練されていない生《なま》の才能から始まることが多い。あるタスクがどのゾーンに属するかは、時間や実践経験で異なるし、私たちがそのタスクにどう向き合うかによって違うゾーンへ動くこともある。言い換えれば、熱意や実力は個人的なあるいは職業的な発展の結果なのである。

私の場合も、理想ゾーンに属するタスクのいくつかは、発展途上ゾーンから格上げされてきたものだ。多くの人にも、同じことが当てはまる。私の娘ミーガン・ハイアット・ミラーが私のもとで働きはじめたとき、財務分析へのやる気はまったく皆無だった。ブランド戦略とマーケティングには長けていたのだが、スプレッドシートや財務予測には苦心していた。つまり、熱意も実力もなかったのだ。しかし、彼女には学習意欲があったし、ある程度の素質も備わっていた。そして時間をかけて練習したことで、本物の実力を身につけていった。それだけではない。実力が高まるにつれて、熱意も増していったのだ。フロリダ州立大学の心理学者であるアンダース・エリクソンらの研究によると、練習を積んだうえで最終的に熟達すると、人はその仕事に喜びを感じるようになることがある。ここであえて「ことがある」と言ったのは、必ず喜びを感じるわけではないからだ。出版社のＣＥＯとして、私は部屋いっぱいの銀行家たちと対等に張り合ってきたが、それを楽しいと思うことはほとんどなかった。その一方で、練習することで熟練するだけではなく、その仕事が楽しくなってくることもある。[1] そんなときには、あるタスクが一つのゾーンから別のゾーンへ移ったことが実感できるだろう。

あるタスクが理想ゾーンへ移行する場合、もう一つ別の側面も関係している。マインドセットだ。ミーガンは未来に目を向けるビジョン家タイプ。ギャラップ社が開発した才能診断ツールである「ストレングスファインダー」によると、彼女のいちばんの長所は〝未来志向〟だそうだ。[2] ミーガンが数字に興味をもつようになった理由の一つは、数字が会社の目標や戦略にどう影響したのかを知りたかったからだ。「財務は私たちのビジョンを現実に変える方法」と彼女は言った。「実用的な手段だ」と。今では、財務モデリングも、キャッシュフロー予測も、高度な予算編成も、ミーガンにとってはどれも理想ゾーンの活動だ。彼女は私の会社で最高執行責任者を務めている。

私たちは、ときに特定のタスクが自分の得意分野ではないことを知っている。もっと経験を

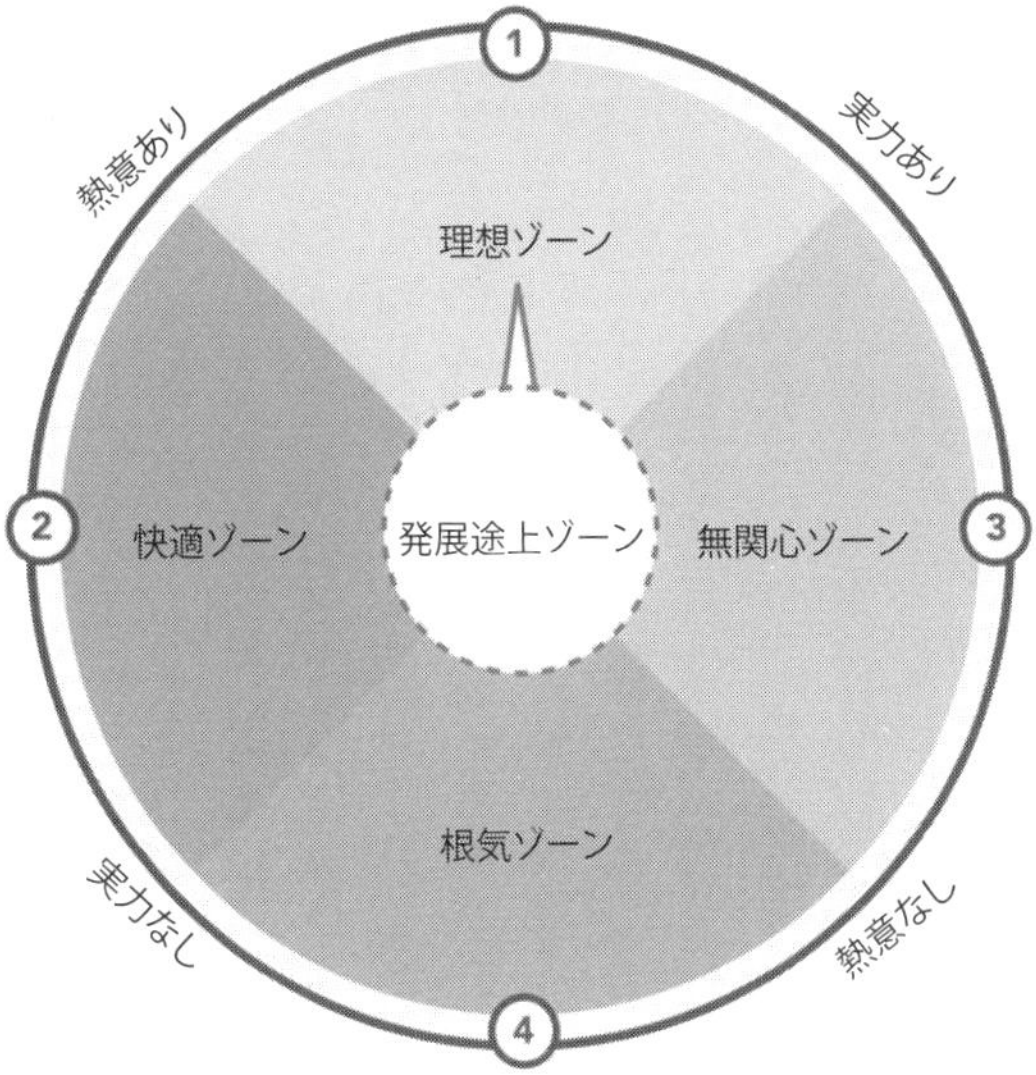

熱意と実力のグリッドを回して、自分の自由のコンパスをつくろう。北に向ける努力をすればするほど、望ましい仕事を増やせば増やすほど、あなたは生産的になっていく。次の図をあなた自身の自由のコンパスをつくる参考にしていただきたい。

積まなければならないときもある。もし、あるタスクを前にして熱意や実力を育てることができる予感がするなら、その予感を前向きに受け入れるべきだろう。

自分の〝真北〟を見つけよう

生産性の四つのゾーンが明らかになったところで、いよいよ「自由のコンパス」に注目しよう。一目でわかるように、コンパスは単純に熱意と実力を基準にした円盤で、理想ゾーンが上に来る。さて、航海にとって最も大切な能力とは何だろうか？　真北を見つける力だ。ゾーン1、つまり理想ゾーン

アレシア
エベント管理会社の創業者

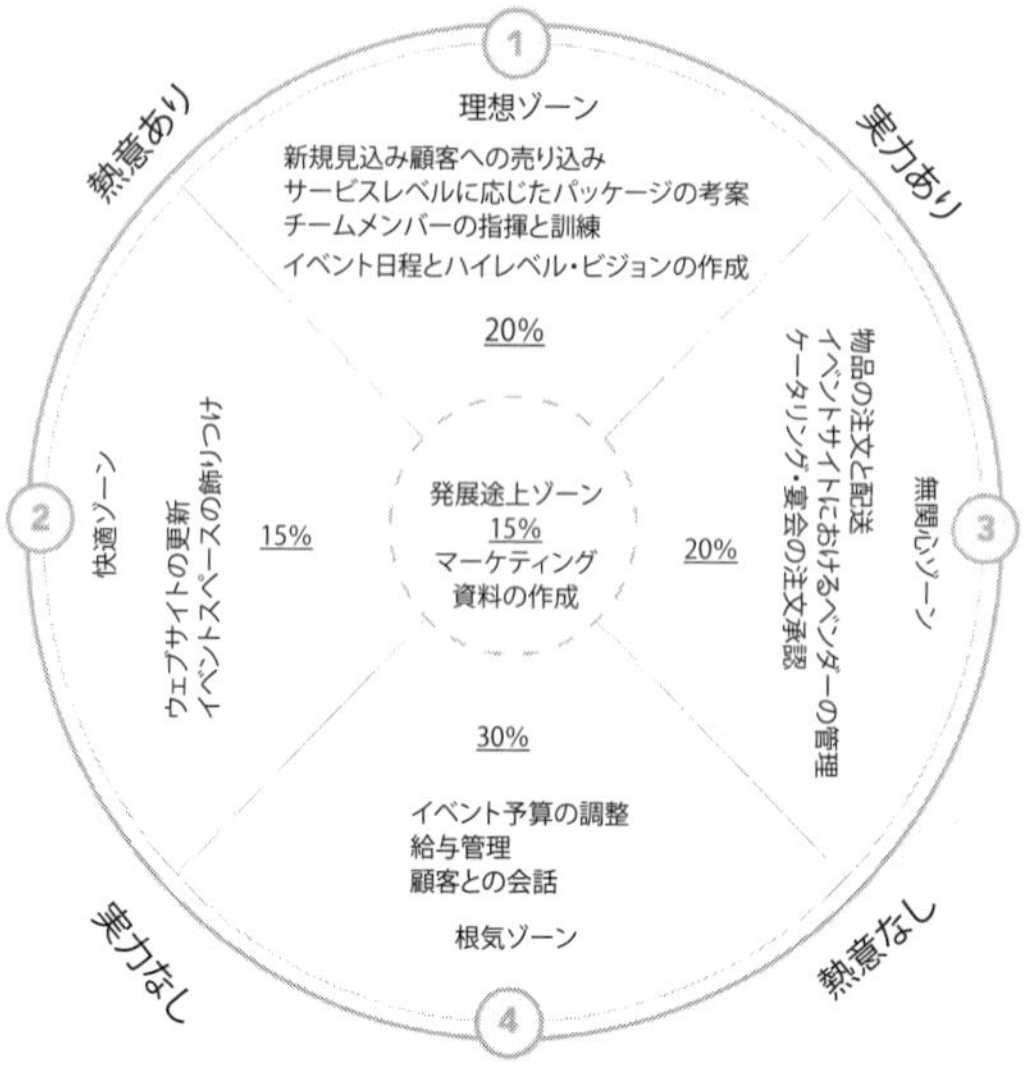

ケビン
カスタマーサービス長

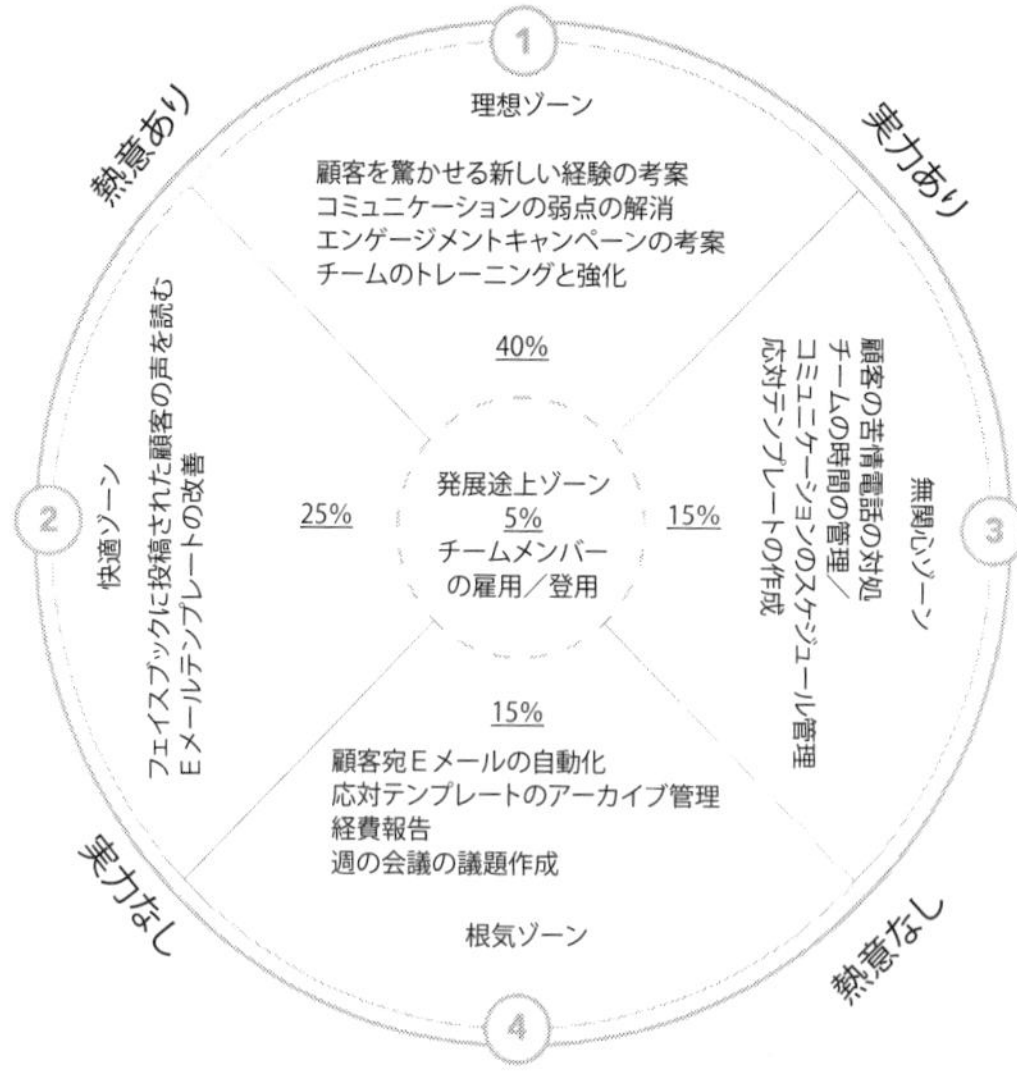

が生産性の真北であり、あなたが目指すべき方角だ。大自然で道に迷ったとき、普通のコンパスがあれば命が助かるのと同じで、自由のコンパスがあれば、あなたは無意味で生産的でない仕事のジャングルを抜け出すことができる。

仕事を減らして多くを達成する――これが本書の約束であり、ここでそれを始めたい。「真の生産性とは、理想ゾーンの仕事を増やし、それ以外のすべてを減らすこと」。これこそが、生産性の秘密なのだが、あまりに当たり前なことなので、多くの人が気づいていないか、完全に見落としている。この点を忘れないこと。付箋紙に書いて、コンピュータのモニターにでも貼っておこう。自分の車のなかにも。毎日一〇回暗唱してもいい。何があっても、「真の生産性とは、理想ゾーンの仕事を増やし、それ以外のすべてを減らすこと」という点だけは忘れてはならない。理想ゾーンに時間とエネルギーを注ぎ込むことで、結果が得られ、自由が生まれる。これこそが、仕事を減らしてより多くを成し遂げる鍵になる。

> 真の生産性とは、理想ゾーンの仕事を増やし、それ以外のすべてを減らすこと。

理想ゾーンで過ごす時間が増えれば、あなたは自分自身にはもちろんのこと、あなたのまわりの世界にも、もっとたくさんの〝いいこと〟ができるようになる。厚かましい主張だと思うかもしれないが、まずは説明を聞いてもらいたい。私たちの誰もが、ほかの誰にも負けない才能をもっている。天賦の才、個人的に習得したスキルや傾向や知識などだ。そのような才能を行使しているとき、私たちは最高に効果的で強力になり、影響力も発揮できる。あなたは私になることができないし、私はあなたになることができない。でも、あなたも私も、最高の自分になることはできる。そして、理想ゾーンのなかで生活し、働くことで、最高の自分になれるのである。

先に進む前に、もう一点ここで指摘しておきたいことがある。「フリー・トゥ・フォーカス」を活用すれば、あなたは理想ゾーンに短期間でたどり着けるだろう。しかし、一夜にして、というわけにはいかない。現在、私はすべての時間のおよそ九〇パーセントを理想ゾーンのなかで過ごしている。あなたにも、できるだけ早くここへ来てもらいたい。オンラインセールスの専門家で、私のクライアントであるスティーブンの場合は、仕事の八〇パーセントから九〇パーセントは理想ゾーンに属するそうだ。しかし、初めからそうだったわけではない。初めて「フリー・トゥ・フォーカス」のオンライン講座に参加したとき、スティーブンは気づいた。「私は根気ゾーンの仕事ばかりをしている……。私は何でもかんでもやろうとしていた。挙げ句の果てに、プリンターの修理まで。本当に苦痛だった！」。結果を出すことが求められているあなたに、オフィス機器をいじっている余裕があるだろうか？　自分が多大な労力を無駄にしている事実に気づいたとき、スティーブンは自由のコンパスを使って自分にとって高効率のタスクを特定したのである。その結果、彼は余裕を取り戻した――彼の家族は大喜びだ。しかも、業績も倍になった。「収益もかなり増えて、仕事もとても楽しくなった」と彼は言う。

さあ、あなたも自由のコンパスを使って、まっすぐ真北を目指そう。本書で紹介する道具を使って、正しい方向に進むために最善を尽くすのだ。でも慌てないこと。コンパスはガイドであって、絶対的な目標ではない。ゴールを指し示すものではあるが、ゴールではないのだ。あなたにも、まだ熟練しているわけではないが、大好きで素質もある何かがあるはずだ。あるいは、あなたにはかなりの才能があり、あとは情熱を燃やす対象を見つけたいと願っているだけかもしれない。すばらしいではないか。あなたの職業生活にとっていつか重要になるかもしれないと思うのなら、あなたが得たいと思う成果を高めることに役に立つのかもしれないのなら、それらを発展途上ゾーンに入れて育てればいい。

しかし、ここで一つ疑問が生じる。生産性が、単純に理想ゾーンの仕事を増やし、それ以外を減らすことを意味するのなら、どうして私たちの多くは今までそのように活動してこなかったのだろうか？　そのような活動は不可能だと頻繁に考えてしまうのは、なぜだろう？

〝制限的な〟信念と〝解放的な〟真実

より生産的になろうとするときにいちばんの障害となるのは、私たち自身の考え方だ。意図したことではないが、私たちの生活は自分自身や自分の置かれた状況に関する思い込みや信念の数々によって影響を受けている。それらはいわば〝制限的な〟信念。潜在能力を抑圧し、私たちがより大きいこと、すばらしいことを成し遂げるのを阻む誤った境界線をなす。制限的な信念を並べるだけで、本を一冊書くことができるだろう。そこで、ここでは生産性を高める努力に最も強く影響する七つだけに意識を向けることにしよう。

1「時間がない」

私が最も頻繁に耳にする思い込みは、「時間がない」だ。言い換えれば、「忙しすぎる」ということだ。CEOに始まり、ビジネスパーソン、建設作業員、主婦、あるいは大学生にいたるまで、あらゆる職業のあらゆる人から、私はこの言葉を聞いたことがある。どうやら「誰もが皆、自分は忙しすぎると感じている」というのは普遍的な真実のようだ。もしあなたもこの制限的な信念に煩わされているのなら、それを〝解放的な〟真実――「最も大切なことを成し遂げるための時間ならじゅうぶんにある」――で置き換えよう。身のまわりで行われている偉大な業績や、世界に大きな変化をもたらしているリーダーたちをよく見てみよう。彼らの場合もあなたと同じで、一週間には一六八時間しかないのだ。だからあなたも、その時間を使って偉大なことを成し遂げられるはずである。

2「最後までやり遂げられない」

生産性を上げるには、数え切れないさまざまなタスクを複雑な形でタグ付けし、まとめ、分類し、並べ替えなければならないと考える人はよく、「自分には最後までやり遂げるだけの自制心がない」と思い込んでいる。あなたがそのような人物なら、その思い込みをこの真実で解放しよう。「理想ゾーンで仕事をすることに、自制心など必要ない」。楽しいことをしているとき、我慢して最後までやり遂げるのがつらい、などと不満を言う人はいない。自制や規律は、やりたくないことをするときに必要なもので、論点がまったくずれている。仕事をする時間のほとんどを熱意も実力も高いゾーンで過ごすことができるように人生を設計するのであれば、そうした活動を続ける規律は自ずと生じるだろう。

３　「自分で時間の使い方を決められる立場にない」

誰もがＣＥＯ、自営業、または管理職だというわけではない。ほとんどの人は、上司の命令や家族の要望に自分のスケジュールを合わせる必要があるだろう。しかし、多くの場合でこの事実が「自分で時間の使い方を決められないので、どうしようもない」とあきらめる際の言い訳にされている。あなたもこの制限的信念の犠牲者なら、次の解放的な真実で対処しよう。「私には自分が管理する時間を有効に活用する能力がある」。あなたは外からの力にさらされて、自分では何もできずに人生をただ漂うだけの存在ではない。自分の人生をどう生きるかは、自分で決めていい。時間の一部はほかの誰かの支配を受けているかもしれないが、残りの時間は自分のもの。それを活用しよう。

4　「生産性の高い人は生まれつき生産性が高い」

ときどき、私たちはまるで言い訳のように「生産性の高い人は生まれつき生産性が高い。でも、自分はそうじゃない」などと言う。しかしそう考えるのは完全に間違いだ。あなたが世界で最も尊敬する人、すばらしい何かを成し遂げた人々といえども、生まれながらにしてスーパーマンのような能力をもっていたわけではない。単純に、彼らは自分の才能を発展させる方法を見つけたのである。同じことがあなたにもできるはずだ。あなたもこの制限的信念の犠牲者なら、次の解放的な真実で対処しよう。「生産性は発展が可能な技能である」。本書を通じて、その方法を伝授する。

5　「前にも試してみたが、うまくいかなかった」

私はうんざりするほど、生産性が上がらない言い訳として「前にもやってみたけど、うまくいかなかった」という言葉を聞いてきた。いわゆる成功者は絶対に言わないセリフだ。実際のところ、成功者と呼ばれる人々は一度失敗したぐらいでは決してあきらめない。見つかるまでうまくいく方法を探しつづける。今までうまくいかなかったので落胆しているのなら、思い込みを捨てて次の真実に目を向けよう。「違う方法を用いればきっとうまくいく」。これこそが、私が「フリー・トゥ・フォーカス」法を開発した理由だ。私の場合も、以前試した生産性を高める方法はどれも役に立たなかった。しかし、「フリー・トゥ・フォーカス」は役に立った。

６「今はどうしようもないけど、そのうち状況は変わる」

制限的に作用する思い込みはたくさんあるが、そのなかでも最もやっかいなのが、「今は一時的にどうしようもないけど、そのうち状況は変わるはず。いつか、もっと生産的になれるだろう」という思い込みだ。この考え方は前向きではあるし、一見理にかなっているのではあるが、生産性を高める機会をすべて台無しにする力をもっている。今だけの我慢と言って何もしなければ、その状態が永遠に続くことになる。あなたは今、仕事で忙しい時期なのかもしれない。子供の行事が重なっていたり、人間関係やコミュニティでいろいろとやることが多かったりするのかもしれない。理由はどうあれ、次の言葉を警告として心に刻んでおこう。「それは一時的ではない」。忙しい時期は境界をどんどん広げ、決して〝もとに戻る〟ことはない。どんな状態が正常なのか、それを決めるのはあなた自身だ。自分の時間を自分でコントロールしなければ、誰かに支配されることになる。前進を先延ばしにしてはならない。その代わりに、この解放的真実を受け入れよう。「前に進むために、状況が変わるのを待たなくてもいい」。もっと生産的になって、絶対にほしい自由を手に入れるチャンスが来るのを待つつもりなら、一生待ちつづけることになるだろう。状況など関係ない。ポジティブな変化を始めるなら、今がそのときだ。

７「ハイテクが苦手」

あなたは「ハイテクや複雑な仕組みが苦手だ」と思い込んでいるかもしれない。私たちの誰

制限的な信念	解放的な真実
じゅうぶんな時間がない。	最も大切なことを成し遂げるための時間ならじゅうぶんにある。
最後までやり遂げることができない。	理想ゾーンで仕事をするのに多くの自制や規律は必要ない。
自分で時間をコントロールできない。	私には自分が支配する時間をより有効に使う能力がある。
生産性の高い人は生まれつき生産性が高い。	生産性は発展が可能な技能だ。
前にも試してみたが、うまくいかなかった。	違う方法を用いればもっとうまくいく。
今はどうしようもないけど、そのうち状況は変わる。	前に進むために、状況が変わるのを待たなくてもいい。
ハイテクが苦手だ。	真の生産性は複雑な技術やシステムを必要としない。大切なのは日々の活動に優先順位をつけることで、それぐらいなら自分でできる。

もが、単純で、なおかつ卓越した方法を探しているが、正直なところ、生産性の世界でそのような方法を見つけるのはとても難しい。

もしあなたが、世間に出回っている多種多様で複雑な生産性向上アプリやツール、あるいはシステムを前にして、何をどうすればいいのかわからずに頭を抱え込んでいるのなら、この解放的な真実を受け入れよう。「真の生産性は複雑な技術やシステムを必要としない。大切なのは日々の活動に優先順位をつけることで、それぐらいなら自分でできる」。実際に誰にでもできるのだが、そのための条件はできると信じることだ。

以上が、私がこれまで最も頻繁に耳にした七つの思い込みだ。もちろん、この七つがすべてではない。これらを読んでいたとき、あなたの頭にほかのネガティブな思い込みが浮かんだかもしれない。生産性を高めようと努力する過程において、〝考え方〟というのは見落とされやすい要素だ。しかし、この点を見落としていては、最善の努力でさえ無駄になってしまう恐れがある。心の声に耳を傾けなければ、あなたは決して自分の置かれている状況を正しく判断することができないだろう。しかるに、どの方向へ進めばいいかもわからない[3]。

本章の目的は、あなたに自分の現状を見極める手伝いをすることにあった。一部の人にとっては、「フリー・トゥ・フォーカス」のなかで最も難しい過程かもしれない。しかし、ここが今後の活動の起点になる。次のエクササイズを終えたら、ステップ1を締めくくる最後のアクションが待っている。回復について話をしよう。

タスクの配置

自分が今どこにいるのかを知ることは、生産性を高めるための非常に重要なステップなのに、多くの人がこのステップをないがしろにしている。あなたが今どこにいて、どうやってそこまでやってきたのかを、誠実に、しっかりと見極めることをしなければ、あなたは自分が望むほど迅速に遠くへ行くことはできないだろう。

FreeToFocus.com/tools にある「Task Filter（タスクフィルター）」と「Freedom

Compass（自由のコンパス）」を活用しよう。タスクフィルターを使って、通常のタスクと活動を列挙する。リストをつくったら、各項目を熱意と実力の側面から評価し、それぞれがどのゾーンに入るか検討する。※今のところは「Eliminate（排除）」、「Automate（自動化）」、「Delegate（委任）」の欄は無視しておく
　タスクを分類したら、それらをあなたの自由のコンパスの適切なゾーンに書き込む。発展途上の活動は中央に配置する。できあがった自由のコンパスを、ふだんよく目にする場所に貼り付けて、それを見るたびに理想ゾーンにフォーカスすることを思い出すよう心がけよう。

第3章　回復　心と体にエネルギーを取り戻そう

REJUVENATE: Reenergize Your Mind and Body

ほとんどのものは、電源プラグを数分間抜くと復調する。あなたもそう。

アン・ラモット

ペンシルベニア大学の教授で、かつてはゴールドマン・サックスで働いた経験もあるアレクサンドラ・ミシェルは、毎週一〇〇時間から一二〇時間働く投資銀行家たちを一二年にわたって調査した。一週間には一六八時間しかないのである。第一章で見たように、起業家や経営幹部、あるいはほかの管理者は、本来休みであるはずの時間から週に五〇時間以上も仕事に流用している。一二〇時間も働くということは、睡眠、人づきあい、運動、娯楽、精神活動、地域活動など、人生におけるほかのあらゆる側面を削るということ。その損失を埋め合わせるために、雇用主は銀行家たちに対し、食事や洗濯などの家事を肩代わりして二四時間体制で支援する。

仕事だけに集中できるので、銀行家は初めのうち生産性が極めて高い。元気はつらつで仕事に取り組み、雇用主から与えられるサービスを享受しながら長い時間を懸命に働き、大きく前進する。でも、長くは続かない。続くはずがない。

「四年目から、銀行家たちは心身の衰弱を経験しはじめた」と、ミシェルは報告する。「慢性疲労、不眠、腰痛、身体痛、自己免疫疾患、不整脈、依存症、摂食障害、心理的衝動などに苦しめられ、結果として判断力や倫理観が損なわれる」。すると業績が下がるのだが、ミシェルによると「彼らは成果が減った分を働く時間を延ばすことで補おうとするので、仕事時間がどんどん増えつづけ、心身の苦痛が慢性化する」[1]

まるで、自分で自分のしっぽを追いかけているような話だ。ニュー・リーフ・プロジェクト・マネジメント社を創業したジャック・ネヴィソンは長時間労働を主題にした複数の研究から数値を割り出した。そして、天井があることに気づいた。一週間で五〇時間を超える仕事をこなしても、時間を延ばした分に見合うほどの生産性は得られないのである。それどころか、生産性は下がってしまう。ネヴィソンの調査した研究の一つでは、五〇時間働いても三七時間分の有益な成果しか残せないことが確認されている。五五時間なら、それがおよそ三〇時間に減ることになる。その研究によると、五〇時間を超えて働けば働くほど、生産性は下がっていくのだ。ネヴィソンはこれを「50の法則」と呼んでいる。[2]

要するに、ほとんどの人にとって、今の労働時間がすでに限界で、それ以上働けば逆効果なのだ。あるいはもうすでに働きすぎている。カリフォルニア大学バークレー校の経営学教授のモーテ

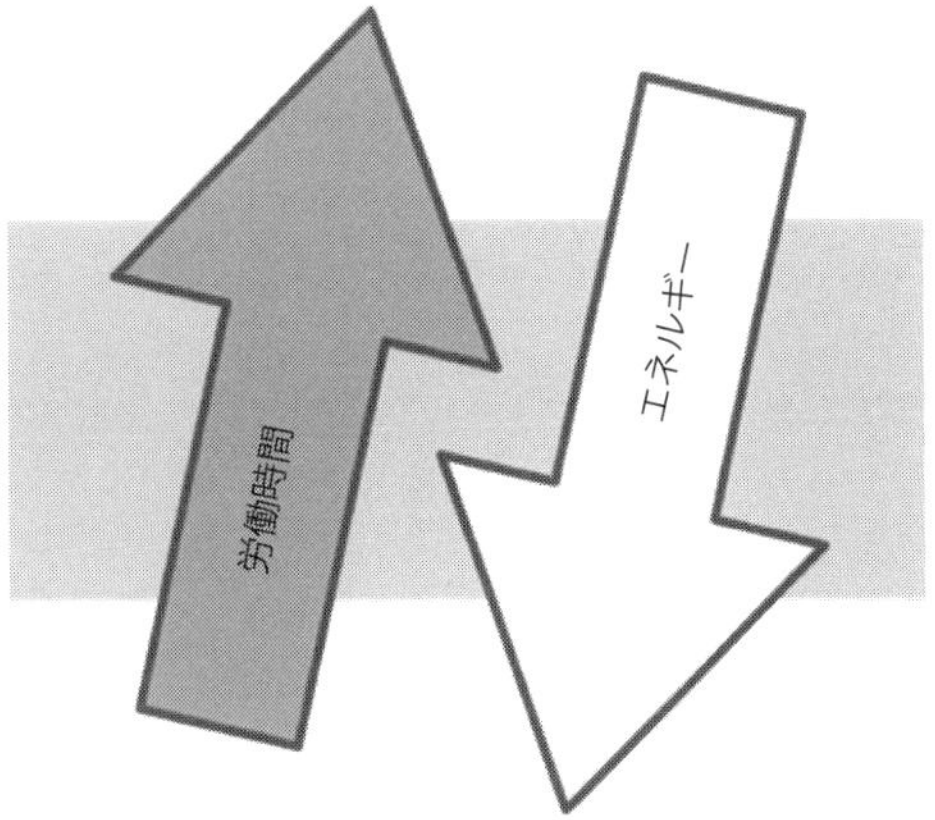

時間は一定で、エネルギーは変動する。つまり、働く時間と生産的なエネルギーは反比例する。仕事をする時間が増えれば増えるほど、生産性は下がる。

ン・T・ハンセンは長時間労働をオレンジにたとえて、こう説明する。オレンジを搾ると「初めのうちはたくさんの果汁が得られる。ところが搾りつづけると、こぶしは真っ白になるのに、果汁は数滴こぼれるだけ。そして最後は、どれだけ力を入れても何も出てこない」[3]。非常に興味深い研究があって、そこではマネジャーは週に本当に八〇時間働いた労働者と八〇時間働いたふりをした労働者で、業績の点で明らかな差を見つけられなかったそうだ。つまりここでも、長く働いたところで生産性の向上は見られなかったのである[4]。疲弊するまで働くのに、成果は減る——私たちの目標の真逆だ。したがって、仕事を減らして成果を上げるには、私たちは時間やエネルギーに関する誤った考えを捨てなければならない。

生産性に関して「エネルギーは一定だが、時間は一定ではない」という誤った考えを、銀行家は信じ込みやすいようだ。その際、伸ばした時間分の努力に見合った成果があると信じ、一〇〇時間働いたあとでも、五〇時間働いたときと同じぐらい賢く、強く、やる気満々でいられると考える。テスラとスペースXの創業者にしてCEOであるイーロン・マスクも、この間違った考え方を信じている。「ほかの人が週四〇時間勤務で、あなたが週一〇〇時間働くなら、たとえほかの人と同じことをしつづけても……彼らが一年で達成する仕事をあなたは四カ月で終わらせることができる」。[5] しかし、銀行家もマスクも完全に勘違いしている。一〇〇時間の仕事は五〇時間の仕事と、量だけでなく質という意味でも大きく違うのである。時間は一定で、エネルギーは一定ではない。どの日も二四時間しかないが、エネルギーは休息や栄養あるいは感情などといったさまざまな要素に応じて変動する。

時間は一定で、エネルギーは変動する。

私たちのほとんどは、そのことに直感的に気づいている。午前、まだ頭がすっきりしている時間に、昼食後の二倍の成果を上げることができる。エネルギーは変動する。しかしありがたいことに、エネルギーの変動は自分の思うままに操ることができる。つまり、最後の一搾りでもっと多くの果汁が出るようにすることは可能なのだ。それがここで言う「回復」だ。個人のエネルギーは再生可能な資源であり、次の七つの方法で充填できる。

1　睡眠
2　食事
3　運動
4　人づきあい
5　遊び
6　内省
7　遮断

それでは、順番に見ていこう。

方法1　睡眠

かつてディズニーでCEOを務めたマイケル・アイズナーは経営幹部の一人への弔辞のなかで次のように述べている。「睡眠は［彼の］敵でした。［彼は］睡眠のせいでずっと全力で働きつづけることができないと考えていました。彼は常々、もっと会議がしたいと言っていました。睡眠のせいで仕事ができないと、彼は悩んでいたのです」。[6] 私たちの誰もが同じような考えに陥ることがあるが、それは決して喜ばしいことではない。もう少し早起きすれば、寝る時間を遅らせれば、会議や日課を一つ増やせるという思い込みが広まっている。

平均的なアメリカ人の睡眠時間は七時間に満たない。[7] この数字でさえ、推奨される八時間よりすでに少ないのだが、実際の睡眠時間はもっと短いと考えられる。なぜなら、ほとんどの人は本当に眠っている時間ではなく、ベッドに横たわっている時間を報告するからだ。私たちの睡眠時間は自分で考えるよりも二〇パーセント短いと研究者は指摘する。[8] 平均で二〇パーセントだ！　ビジネスの世界では、さらに少ないことが自慢の種にもなる。

ペプシコ、サウスウエスト航空、フィアット・クライスラー、ツイッター、ヤフーのリーダーたちは推奨時間の半分の睡眠でもうまくやっていけると主張する。[9] どうやら、ベッドで過ごす時間が減れば減るほど、自慢したくなる気持ちは強くなるようで、あらゆるレベルのリーダーたちや起業家たちが、自分は特別だと思い込んでいる。最も賢くて最も優れた人物の一人に数えられたいと望むなら、人は超人でなければならない。しかし、私たちは超人ではない。ある調査によると、リーダーたちの三分の二は自分の睡眠時間に満足しておらず、半分以上は睡眠の質が低いことに不満を抱いているそうだ。[10] この現状が多大な犠牲をもたらしている。

私たちは枕を生産性の敵とみなすが、睡眠を減らすと結果的に仕事に悪影響が出る。例として二四時間睡眠をとらなかった外科医を対象にした医学誌ランセットの調査を見てみよう。寝不足の外科医はミスが多く、日常的な作業にもいつもより一四パーセント多くの時間を必要とした。アルコールに酔っているのと同じぐらい、能力が欠落したのである。[11] そんなことのために、徹夜をする理由などない。ほかの調査では、二週間連続で一日に六時間しか寝なかった人々は、法的に飲酒運転とみなされる人々と同じ程度の身体能力しか発揮できないことがわかった[12]。休息を減らすことで、私たちは生産性を上げるどころか、能力を確実に下げているのである。

夜ごとの回復こそが生産性の基礎になる。じゅうぶんな睡眠をとることで、精神は鋭く保たれ、記憶や学習能力が向上し、成長できる。睡眠が感情をリセットし、ストレスを減らし、エネルギーを充填する。逆に睡眠が不足すると集中を維持するのが、問題を解決するのが、優れた決断をするのが、あるいは人づきあいをうまくやっていくのが難しくなる[13]。神経学者のペネロペ・A・ルイスが説明するように「睡眠が不足した人々は独創的なアイデアが少なくなり、すでに効果を失っているであろう古いやり方にこだわる傾向がある」[14]

だからこそ、効率的なリーダーや起業家はじゅうぶんな睡眠の大切さを強調する。例えば、アマゾンCEOのジェフ・ベゾスはスライブ・グローバル社にこう語っている。「私にとって、八時間睡眠は大きな違いをなす。活力と興奮を感じるのに必要な量だ」[15]。エトナ社の会長兼CEOのマーク・ベルトリーニは現金を支給して、従業員に睡眠をとるよう促している。「半分寝ているような状態では仕事にならない」と、ベルトリーニはインタビューで発言している。「職場で［完全に］覚醒していて、優れた決断をすること。それがビジネスの基礎に大いに関係している」[16]

回復をもたらす休息には、量と質の両面が欠かせない。成人が能力を最高の形で発揮するには――カレンダーがどれだけ埋まっていようと、誰が時間や注意を要求していようと関係なく

――夜に七時間から一〇時間の睡眠を必要とする。最高の自分であるために必要な睡眠をとることを、あなたは自分に許さなければならない。もちろん、簡単なことではない。スケジュールが詰まっているのなら、フェイスブックやネットフリックスの時間を削らなければならないだろう（ネットフリックスのCEOであるリード・ヘイスティングスは「我々は睡眠と競合している」と認めている）。[17] もし、あなたに子供がいるのなら、睡眠に邪魔が入らないように、パートナーと交代で子供の面倒を見たり、夜間ベビーシッターを雇ったりする必要があるかもしれない。あるいは、睡眠時間を増やすために、子供と同じ時間にベッドに入るのも一つの手だ。

日中のスケジュールに短い昼寝を加えることで、睡眠量を増やすこともできる。冗談ではなく、昼寝こそが私にとっては生産性を高める秘密兵器だ。いつも昼食後に昼寝するのだが、おかげでリフレッシュできて午後も頭が冴えている。ただし、二〇分あるいは三〇分以上は寝ないこと。でなければ目覚めが悪くなり、ぼうっとして活力がなくなる。能力を高めるために計画的に昼寝をしているリーダー、アーティスト、科学者などの数は多い。ほんの数例を挙げると、ウィンストン・チャーチル、ダグラス・マッカーサー、ジョン・F・ケネディ、J・R・R・トールキン、トーマス・エジソンなどだ。[18] 初めのうちうまく昼寝できなくてもあせらないこと。エッセイストのバーバラ・ホランドの言葉を借りると、「スカイダイビングと同じで、昼寝にも練習が必要」なのだから。[19]

一方、夜の睡眠の質に関しても、改善する方法がいくつか存在する。数多くの研究を通じて、就寝の一時間前にすべてのスクリーン（テレビ、電話、タブレット端末、コンピュータなど）

を消すことで、睡眠の質が劇的に向上することが確認されている。遮光カーテン、低めの室温、音響機器からのホワイトノイズ、スマホアプリ、扇風機などを利用して、睡眠環境を整えよう[20]。ちょっとした変化が大きな違いを生み、ベッドを出るときにあなたはリフレッシュして、活力がみなぎっていることだろう。

方法２　食事

私たちが口にする食品はエネルギーレベルに直接大きく影響し、その影響は長く続く。アスリートが食べ物に気を遣うのもそのためだ。能率を最大限に高めるのに必要な栄養が足りていなければ、世界最高の生産性システムですら役に立たない。

昼食を例に見てみよう。ライトマネジメントが二〇一二年に行った職場調査によると、従業員の五人に一人しか昼食をとるためにデスクを離れないそうだ。残りの四人のうちの二人はデスクで食事をする。しかも、労働者や管理者のほぼ四〇パーセントにいたっては、「ときどき」あるいは「たまにしか」昼食をとらない[21]。私たちは昼食を妨害とみなすこともあるのだが、実際のところ、昼食はエネルギーの拡大に大いに役に立つ。逆に昼食をおろそかにすると、眠気や朦朧感、あるいは疲労を引き起こすことがある。

食事をするためにデスクを離れることは、創造性という意味でも利点になる。「創造性とイノベーションは、人が環境を変えるとき、特に自然に近い環境に自分をさらすときに発揮される」

と言うのは、カリフォルニア大学デービス校経営大学院で職場心理学を研究するキンバリー・エルスバックだ。彼女はこう主張する。「部屋にいること、同じ場所にとどまることは、創造プロセスにとって本当にマイナスだ。また、アイデアがしみとおり、膨らみ、アハ体験に生まれ変わるのに必要な熟考にとっても有害でしかない」[22]。昼食を抜くとは、あなたの組織を次のレベルに高めるのに必要なブレークスルーの瞬間を犠牲にして、電話、ミーティング、スプレッドシート、Eメールなどの終わりのない単調な仕事を続けるということにほかならない。

もちろん、どの食べ物が健康的で、どれが健康的でないか、意見はさまざまだろう。それらについて論じるのは本書の目的ではない。しかしながら、健康的な食事を心がけたことのない人に、いくつかのアドバイスを贈ることはできる。

第一に、原則として、パッケージに入った食品よりも野菜や果物、ナッツ類や肉などの自然な食べ物のほうが好ましい。ある食品を前にして、成分がわからないとき、どれだけの量の砂糖が入っているのか不明なとき、本当にそれを食べるか考え直したほうがいい。特に外食では、メニューからは成分の質がほとんどわからないので注意が必要だ。

第二に、自分で栄養に関する研究をしているのでもない限り、自分は健康な食事についてじゅうぶんな知識があると考えないこと。栄養不足への道は、何が賢い食事で何が賢くないかという思い込みで舗装されている。私たちは、マーケターがパッケージに記載する「ヘルシー」や「低脂肪」などといった魅力的な宣伝文句の嘘にコロッとだまされてしまう。政府が推奨する食事の内容も時代とともに変化してきたのに、いまだに多くの専門家から批判の目が向けられ、絶えず精査されているのである。何を食べるべきかを知るのは難しい。だからこそ、自分に最も向いている食事がどんなものか、見極めるよう心がけよう。

第三に、飲み物にも気をつける。エナジードリンクや炭酸飲料などを飲むと、短期的に血糖値が急上昇するが、そのあとは飲む前よりも消耗感を覚えることが多い。できるだけ、水を飲むようにしよう。

第四に、自分にどんな栄養補助（サプリメント）が適しているか調べる。サプリメントは食事だけでは不足する栄養を補うのに向いている。私の場合、エネルギーレベルを保つためにビタミンB_{12}とビタミンDを補充することを心がけている。どちらもストレスを抑え、活力を得る助けになってくれている。

第五に、誰といっしょに食事をするのかも重要だ。食事は、人間関係を築く第一の方法。ただ燃料を補給するだけが役割ではないのだ。楽しみでもあり、人と人をつなぐ要素でもある。ベッドで質の高い時間を過ごすのと同じように、テーブルでも質の高い時間を過ごすことが生産性を高める鍵になる。

方法３　運動

私たちは決まり文句のように「運動するほどのエネルギーがない」と漏らすが、じつは運動そのものが活力の源なのである。運動は、奪うよりも多くのエネルギーを与えてくれる。実際のところ、運動ほど直接的にエネルギーレベルに影響する要素はほかにほとんどない。早い時間に体を動かせば、一日ずっと多大な恩恵を授けてくれる。

アメリカ疾病予防管理センター（ＣＤＣ）によると「ライフスタイルにおいて、身体的な活動と同じぐらい健康に強く影響する選択肢はほとんど存在しない」そうだ。[23] 規則的に運動をする習慣を身につけることで、体重維持、ストレスの減少、活力、エネルギーの増加、心臓病と癌のリスクの低下など多くの利点が得られ、生活の質が向上し、さらには寿命も延びる。しかも、この利点を享受するのに、毎日ジムで数時間過ごす必要もない。ＣＤＣの発表によると、「週に最低一五〇分ほど中程度の有酸素運動をすることで、早期死亡のリスクが下がる」。[24] 一日に換算すると二五分以下でしかない。昼食後の早歩きだけですら、健康の向上に大いに役立ち、減量あるいは体重維持につながり、睡眠の質がよくなり、エネルギーレベルが上昇する。

運動で強くなるのは体だけではない。精神の強化にもつながる。肉体を動かすことで、脳も高いレベルで働くようになる。ジャーナリストのベン・オピパリがワシントン・ポスト紙で次のように説明している。「一回だけの運動でも、高次な思考が活性化し、生産性が上がり、効率よく一日を切り抜けられるようになる。脚を動かすと、脳も活動する。だから、昼食時に少し運動すると、認知能力も向上する。……考えを言葉にしたり、戦略を組み立てたり、課題を創造的に解決したり、情報を統合したりするのに関係する高度な思考の一種〝実行能力〟が、運動によって改善する」。そして繰り返すが、多くの時間を費やす必要はないのである。オピパリはこう言う。「最大心拍数の六〇パーセントから七〇パーセント程度の有酸素運動を二〇分するだけでじゅうぶんだ」[25]

私はふだん、生産性を手早く適当に上げるためのヒントを紹介することには慎重だ。しかし、心と体のエネルギーを高め、熟考と問題解決に最適な空気をつくりだし、同時に全体的な健康も改善する方法がどうしても知りたいと言われれば、私はジムに通うか、ジョギングや散歩をするよう提案するだろう。必ず効果があるはずだ。

リーダーは仕事と生活をバランスよく両立させることができないと言われている。信じられないかもしれないが、この点でも運動が大いに役立ってくれる。「ただでさえぎゅうぎゅう詰めのスケジュールにさらにやることを増やすのが、なぜ家庭と仕事のバランスの維持に役立つのだろう？」と、あなたは思ったかもしれない。疑問に思うのはもっともだ。実際、この問いに答えを見つけるための研究も行われている。ハーバード・ビジネス・レビュー誌のラッセル・クレイトンはこう主張する。「最新の研究が……計画的、体系的、反復的、そして目的に沿った身体運動と……仕事と家庭を両立させる能力のあいだに明確な関係があることを示している」[26]

クレイトンは二つの事実を発見した。まず、「運動でストレスが減り、ストレスが減ると仕事でも家庭でも、より生産的に楽しく過ごせる」という点。次に彼は、運動により自己効力感が高まると指摘した。自己効力感とは、自分には物事を成し遂げる力がある、と思う確信のことだ。簡単に言えば、運動することでストレスが減り、自分は強いと〝思える〟ようになる、

運動する時間がない、と言う人は多い。しかし、運動をする習慣のある人のほうが運動をしない人よりも仕事と家庭のバランスをうまく保てることが、研究を通じて明らかになった。

ということ。世界を征服できる気になれるのだ。この考えは、家庭や仕事との取り組み方に大きく影響する。[27]仕事への向き合い方、クライアントや競合相手との関わり方、大きな目標を達成する能力に対する考え方にも反映される。どれだけ時間がなくても運動を続けることで、あなたは自制心と自己犠牲の精神を強めざるをえなくなる。結果として能率や献身、あるいは計画性を磨きあげざるをえなくなり、競合するさまざまな利害や機会とうまく折り合いをつけることに集中する必要に迫られる。要するに、運動であなたの生活のあらゆる部分が研ぎ澄まされていくのだ。

この事実を証明するために、フィンランドの研究チームが五〇〇〇人の双子の男性をおよそ三〇年にもわたって追跡した。目的は、双子のどちらが活動的で、どちらが活動的でないかを調べること。その結果、遺伝的にはほぼ同じ能力をもつはずの双子で、規則的に運動している人のほうが長期的な収入が一四パーセントから一七パーセントも高いことがわかった。研究者は、運動によって「人は仕事で困難に直面しても物怖じせず、競争にも前向きに取り組もうとするようになる」と結論づけている。[28] ビジネス環境にも直接応用できる利点であり、市場における熾烈な競争でも有利に働くだろう。

方法4　人づきあい

エネルギーの管理について語るなら、他人が私たちのエネルギーレベルに与える影響を忘れるわけにはいかない。ほかのどんな要素よりも、まわりにいる人々が私たちのエネルギー量に劇的に作用する。じゅうぶんな睡眠をとって、体にいいものを食べて、毎日運動しても、ほかの人とまったく交流がなければ、友人や家族と質の高い関係を築く時間がなければ、あるいはさらに悪いことに、そうしたことを求める感情を失ってしまえば、あなたはエネルギー回復の最高の手段を失ったことになる。

「紛れもない事実として言えるのは、あなたが人生と仕事でうまくやっていけるかどうかは、あなたが何をどうするかという点だけでなく……誰があなたに協力するか、あるいは誰があなたのために何かをするかによって左右される」と、心理学者のヘンリー・クラウドが『パートナーの力』（パンローリング・二〇一八）のなかで述べている。この観察をエネルギーの管理と結びつけて、クラウドはこう主張する。「自分の仕事量を管理しながら休憩を取ることだけが大切なのではない。身のまわりにいる〝エネルギー源〟を管理するのも同じように大切だ」。言い換えれば、生産性とは人間関係なのである。[29]

この点を実証するために、ノースウェスタン大学ケロッグ経営大学院助教授のディラン・マイナーが大規模なテクノロジー企業の労働者を調査した。特に生産性が高い人（ハイパフォーマー）を特定したあと、まわりの人々に対する彼らの影響を調べたのである。すると、ハイパフォーマーの半径およそ八メートルの内側にいると、同僚の業績は一五パーセント上がることがわかった。収益に換算すると、一〇〇万ドルの上昇だ。[30] しかし、クラウドも指摘するように「人々はエネルギーを与えると同時に、エネルギーを奪っていく」。[31] マイナーは、生産性が低い者（ローパフォーマー）が発する「ネガティブな作用」――業績を下げる作用――は、ハイパフォーマーの効果の二倍にも及ぶという事実を発見した。[32]

この点に関係するのは、あなたの会社（あなたが仕事で関係する人々）だけでなく、あなたの社会的な人間関係（あなたが交流する人々）すべてだ。仕事仲間、同僚、顧客、クライアントがあなたのエネルギー管理にとって重要な役割を担うのはもちろんだが、それだけでなく、友人や家族、知人、教会仲間なども、あなたのエネルギー管理に影響する。フェイスブック上のフレンドやツイッターのフォロワーも同じ。彼らのなかには、ダン・サリヴァンの言葉を借りるなら、バッテリーを背負っている人もいる。彼らはあなたを充電してくれる。その一方では、あなたのエネルギーを奪っていく人も。いずれにせよ、彼らはあなたのエネルギー量を左右する。

つまり、回復を最大限にしたいなら人間関係にも気を遣え、ということだ。友達と過ごす夜、家族との外出、あるいは同僚とのコーヒーなどは、長期的に見て、あなたのエネルギーにとっても、人間関係という資本にとっても、大いに利益をもたらす可能性がある。同様に、大学時代の同級生とフェイスブック上で政治問題について言い争いなんかしたら、あなたのエネルギーは勢いを失い、回復するのに何時間もかかってしまうかもしれない。そこでクラウドは、自分の社会的なつながりを見直すよう提案している。あなたはエネルギーを充填してくれる人に囲まれているだろうか？　それとも、エネルギーを吸い取られてばかり？　たとえ、ネガティブな人々と関係を続けざるをえない状況にあるとしても、彼らからの悪影響を意識していれば、最悪の事態は避けることができるだろう。

ときどき、友達のために割く時間がないと言う人がいる。働きすぎの人に、そのような時間がないのは当然だろう。この意味で、人づきあいも睡眠や運動と大差ない。人間関係は生産性に不可欠なのに、仕事が山積みになったときに真っ先に犠牲にされる要素でもある。しかし、真に生産性を高めるには、人づきあいを優先しなければならない。あなたも人間。人の姿をした機械ではない。何でもかんでもやることリストのチェックマークで評価できるわけではないのだ。この点を忘れてはならない。人生で最高の出来事の多くは、仕事と仕事の合間、ほかの人たちのためにつくった時間に起こるのである。

方法5　遊び

「遊ばずに勉強ばかりしていると馬鹿になる」という古い格言を聞いたことがあるだろうか？　それどころか、遊びを覚えずに勉強ばかりしていると馬鹿になるだけでなく、非効率的で非創造的になり、集中もできず、生産性も高くならない。どれほど真剣な事柄があなたの時間を満たしているとしても、人生における遊びの力を見くびってはいけない。解決すべき問題、守るべき締切り、終えるべきタスクなどが途切れることはないだろう。そのような状況がそのうち変わるとは考えにくい。遠い未来の定年退職後の暇つぶしにとばかりに、楽しいことをすべて後回しにしていると、遊びがもたらしてくれるエネルギーの回復効果を享受できない。

では、何を「遊び」とみなせばいいのだろうか？　ほかの目的のためではなくそれ自体のために、あるいは楽しみ、ほかの人々とのつながり、自身の創造性を解き放つために行う活動だ。例えばゴルフのようなスポーツや絵画のような趣味。子供との取っ組み合い。ペットの犬とボール遊び。ハイキング。川でマス釣り。アドベンチャー。レジャー。ネイティブアメリカンフルートの練習（私の個人的なお気に入り）。公園でフリスビー。海水浴。テニス。ギターサークルへの参加。ジェスチャーゲーム。チェッカーなどのボードゲーム。ジグソーパズル。チャレンジや競い合いも遊びになりうる。誰かとただふざけ合うだけでもいい。場所や内容に関係なく、遊びは回復に欠かせない。

FREE TO FOCUS

おそらく、人生で最高の
出来事はTo Doリストから
消されることはないだろう。

The best things in life will probably never be checked off a to-do list.

なぜなら、遊びには目指さなければならない生産結果がなく、それ自体で完結するからだ。それこそが秘密の力で、目的のある仕事をしているときとは違って、あなたは効率を求める必要がないのだ。そのため、一歩下がったり、新しいことを試したり、世界の姿を違う形で想像したりできる。著作家のバージニア・ポストレルはこう言う。「遊びは柔軟な思考、新しい観点から考えようとする意欲、思いがけない発想をする能力を育む。遊びの精神が問題解決を促すだけでなく、斬新な類推を通じて独創性や明晰さを促す」。[33] つまり、遊びが創造という意味でブレークスルーを実現する。

私たちは成功者たちの〝習慣〟についてはたくさんのことを知っているが、彼らの〝趣味〟についてはどうだろうか？　精神科医のスチュアート・ブラウンは「遊びなしでは仕事もうまくいかない」と言う。[34] 最高の成功者にして、最も賢明な人々はそのことにすでに気づいている。ビル・ゲイツはテニスをする。それに、ウォーレン・バフェットを相手にブリッジも楽しむ。かつてツイッターを経営していたディック・コストロはハイキングやスキーが好きで、さらにミツバチも飼っていた。グーグル共同創業者のセルゲイ・ブリンは体操、自転車、ローラーホッケーが趣味だ。[35] これらの活動はグーグルの成功と無縁ではない。成功した要因の一部だと言える。アメリカ大統領のジョージ・W・ブッシュ、ジミー・カーター、ユリシーズ・S・グラント、ドワイト・アイゼンハワーは絵を描くのが趣味だった。ウィンストン・チャーチルもそうだ。歴史家のポール・ジョンソンによると、「チャーチルの最大の強みはリラックスする才能」で、その際絵を描くことが大きな比重を占めていた。チャーチルはキャリアがどん底だった時期に絵画に出会い、生涯――第二次世界大戦が最悪の様相を呈していた時期でさえ――その趣味を維持した。ジョンソンはこう結論づけている。「彼が全力での仕事と創造的で回復的な余暇のバランスを維持できた事実を、トップの地位にある者は見習うべきだろう」[36]

チャーチル自身の言葉によると、そのような回復で大切なのは、日常の仕事から逸脱することだ。遊ぶとき、私たちの頭と体は仕事のときとはまったく違う動きを見せる。「着古したコートの肘の部分が薄くなるのと同じで、頭もずっと使いつづけるとその一部が疲弊してしまう」と、チャーチルは絵画にまつわるエッセイのなかで書き、次の重要な違いを指摘した。

しかしながら、生きている脳細胞と命のない物品のあいだには次の違いがある。……疲弊した頭の部分は、ただの休息ではなく、ほかの部分を使うことによって回復し、強化することができる。おもな関心分野を照らす光を消すだけではじゅうぶんではない。新しい関心分野に光を当てなければならないのだ。

チャーチルはさらにこう続けた。「六日間仕事をしたり真剣に何かを心配したりしたビジネスマンに、週末にも仕事をさせたりささいなことを考えさせたりするのは無意味なことだ」[37]。回復を確実にするには、明らかな変化が重要なのだ。

自然のなかで過ごす時間に回復効果があるのも、同じ理由からかもしれない。たった数分間、日常の忙しさを離れて自然と触れ合うだけでも、あなたの精神的なスタミナと認知能力にポジティブに作用する。ある調査によると、森林のなかを散歩したあとの人々は記憶テストや注意力テストのスコアが二〇パーセントも向上する。[38] 時間は短くてもいい。自然のなかで過ごす短時間の「小休憩」で、精神にはっきりとわかる効果が現れる。[39] もちろん、長い時間自然に浸ることができれば、創造性や問題解決能力に多大な恩恵を得ることができる。学生相手の実験では、四日間デジタル技術から完全に隔離されて自然のなかで過ごした場合、問題解決テストの成績が五〇パーセントも上がることが確認されている。研究者は、「この調査結果は、自然にどっぷりと浸って時間を過ごすことで、認知能力が明らかに向上することを示している」とまとめている。[40]

また、ポジティブな効果は、集中や創造性、あるいは問題解決能力などの脳活動だけに限られるわけではない。気分や寛大さなど、ほかの多くの点にも、自然は好ましく働きかける。[41] 自然のなかで時間を過ごすことで、肉体的な回復も得られる。私もリラックスするために仕事を離れて屋外に出る。自然とはストレスキラーであり、ほかにも次のような数多くの利点を兼ね備えている。

- ●身体エネルギーの回復
- ●不安の軽減
- ●筋肉の弛緩
- ●ストレスホルモンの減少

- 心拍数の低下
- 血圧の低下[42]

もちろん、これらの利点の多くは精神的な健康にも作用するので、結果として好循環が生まれる。考えようによっては、これらの利点を人生のオプションあるいはアップグレード、つまり追加の要素とみなすことができるかもしれない。しかし、真実は違う。それらはオプションなどではなく、絶対に必要なものなのだ。私たち人間は自然環境のなかで遊び、緊張を解き、休息しながら時間を過ごすようにできているのである。鋭さを保ちたいなら、あなたも気晴らし、運動、遊びなどを忙しいスケジュールに組み込まなければならない。

方法6　内省

回復を促すもう一つの方法は考えること、つまり内省だ。ここで言う内省には、読書、日記、内観、瞑想、祈りや礼拝など、さまざまな形が含まれる。ここまで、睡眠、食事、運動などについて論じたが、その際おもに身体的な側面を強調してきた。また、これらは魂にもポジティブに作用する。しかし、意図的に心と頭を回復するためにも時間を使うべきだ。「フリー・トゥ・フォーカス」は第一段階の〝ストップ〟で始まるのだが、内省のために歩みを止めようとする人はまずいない。しかし、じっくりと考え込むために時間をとることは、絶対に必要だ。それをしなければ、自分を見失ってしまう。

私たちのような忙しい人にとって、どこへ向かっているのか、誰を相手にしているのか、行動や決断の積み重ねが何を意味しているのか、などについて考えようともせずに、ただやみくもに行動を起こし、決断を下しながら、光を超える速さで人生を駆け抜けるのは簡単なことだ。しかし、無意識なまま週を、年月を、数十年を過ごしていると、外部からの作用にただ反応しながら、行き当たりばったりでめまぐるしいだけの人生を送ることになってしまう。年老いたとき、あなたはそのような人生を振り返りたいだろうか？

この問いは、ぎゅうぎゅう詰めのスケジュール、ソーシャルメディア、刹那的な喜びを追い求める文化を特徴とする現代において、特に重要になる。もちろん、人生の表面だけをなぞり、ステータスの更新、ワンクリック購入、ストリーミング配信以上の深みを避けて生きることも可能だ。しかし、人生について、あるいはこの世界で自分の歩む道について、スピードを落としてじっくりと考えることをしなければ、完全に回復するのは不可能だ。

できるだけ毎日、考える時間を設けよう。あなたにとって、どんな考えが本当に重要だろうか？　あなたは今、何を感じている？　自分の一日について、具体的には決断、損得、アイデア、洞察など、その日を特別にした事柄について考える時間をつくる。それができるようになれば、あなたはより大きな〝なぜ〟が理解できるようになり、人生の細部で道に迷うことがなくなるだろう。〝なぜ〟を見失わなければ、日々の仕事を終え、レースに勝つために必要なエネルギーがみなぎるはずだ。

方法7　遮断

さて、これらの方法をうまく実践するにはどうすればいいのだろうか？　とても大切な問いかけだ。ここまで紹介してきた方法を受け入れたとしても、それらを実行するのは簡単なことではない。ふだんから働きすぎの私たちは、仕事を離れようとしているときですら、何らかの形で仕事と結びついていることが多い。結果、エネルギーを新たにするために使うはずの週末や睡眠を削って仕事をするという悪いパターンに陥ってしまう。ポケットにはいつもスマートフォンが入っていて、一回クリックするだけでEメールを呼び出せるし、ピンだのブーだのと、通知音が気を引こうとする。

受信シグナルから身を守るには、電磁シールドでできた部屋を自分でつくるのが手っ取り早い。しかし、必ずしもそこまでする必要はないだろう。ただし、完全に遮断するにはある程度の工夫が必要だ。接続を断つのは、一部の人には非常に難しいことのようなので、夜に、週末に、休暇中に役立つルールを決めるよう、私は勧めている。ここでは、私が使っている四つのルールを紹介する（第八章でもう一つのルールについて説明する）。あなたも自分なりのルールをつくって、それが実践できるようにほかの人に協力してもらおう。

一つ目のルール。「仕事のことは考えない」。仕事は頭の外に追い出す。家族や友人と過ごしている時間に仕事のことを考えると、肉体はそこにあるのに、精神的には別の場所にいることになる。そこにいるのにそこにいない、ということだ。忍び寄る心配には用心すること。自分が仕事のことを考えてしまっていることに気づいたら、考えをほかの何かに集中しよう。

二つ目のルール。「仕事はしない」。これには、連絡や情報の更新も含まれる。電話をサイレントモードにセットして、メールやメッセージはもちろん、すべてを遮断する。電話を引き出しにでも入れてしまえばいい。デスクトップでもメッセージ交換やメール用のソフトは閉じ、休みの時間はそれらを決して開かない。

三つ目のルール。「仕事の話をしない」。余暇の時間にプロジェクトやセールスや販促や難しい仕事について話さない。あなたと家族に不可欠な休息をもたらすためだ。あなたが仕事の話を口にしたら、家族に指摘してもらおう。

四つ目のルール。「仕事について何も読まない」。仕事に関係する本、雑誌、ブログ、ポッドキャスト、ストリーミングビデオなども含まれる。ほかの関心事にかんする教養を増やして、仕事と関係のないテーマに対する興味を育むために時間を使おう。

七つのなかで、この「遮断」は「睡眠」について二番目に難しい方法だろう。一〇カ国の一〇〇〇人の大学生を調査した研究者によると、ほとんどの学生はデバイスを二四時間遮断することができなかったそうだ。「まるでドラッグ依存症患者のような気分になった」とある学生が報告している。「ベッドに腰掛けて、呆然としてしまった」とほかの学生は表現した。「何もすることがなかった」とも。[43] この言葉が、ほかの方法が大切である事実を証明している。私はありとあらゆるデバイスを切断しろと言うつもりはない。もちろん、それができれば有益だろうが、少し極端すぎる気もする。私が言いたいのは、回復のための時間を遊びや人づきあい、あるいは内省など、仕事とは関係のない有意義な活動で埋めようということだ。

自分を新しくする

本章が、時間の管理とエネルギーの管理の対立にまつわるいくつかの昔ながらの思い込みを吹き飛ばす助けになったことを、私は望んでいる。時間は再生可能な資源ではなく、有限だ。この点を忘れないでおこう。一日は二四時間、一秒たりとも増やすことはできない。一方、エネルギーは再生可能で、流動的だ。自分の役に立つように操ることができる。睡眠、食事、運動、人づきあい、遊び、内省、そして遮断を通じて、エネルギーを指数関数的に増やすことが可能だ。そのエネルギーを思うままに使って、〝なぜ〟を満たし、生活を改善し、求める自由を手に入れる力にすればいい。

〝ストップ〟すると、すばらしいことが起こる。これからどこへ向かいたいか、どんな人生を形づくりたいかをはっきりと〝具体化〟する時間ができる。自分が今どこにいるのか、どんな状況に置かれているのかを〝評価〟する時間もつくれる。さらには、〝回復〟する時間もできた。積極的に休息、健康、人づきあいなどに携わることで、自分自身と自分のエネルギーレベルに投資するのだ。〝ストップ〟で始めるのは直感に反しているように思えるだろうが、本章を通じて、一息つくことの大切さが明らかになったことだろう。すでに述べたように、自分がどこへ行きたいのか、今どこにいるのかを正しく知らなければ、目指す目的地にたどり着くことはできない。次のエクササイズを終えたら、いよいよステップ2「カット」へ進む。そこで、あなたの生産性ビジョンが本当の形になりはじめるだろう。

回復の自己評価

休息、健康な食事、運動、人間関係、考える時間などのために時間をつくるのは簡単ではないかもしれない。しかし、それらを優先することができれば、人生はもっとすばらしいものになる。エネルギーとスタミナが増え、最終的には生産性を含む生活のあらゆる側面が向上する。

FreeToFocus.com/toolsから「Rejuvenation Self-Assessment（回復の自己評価）」をダウンロードしよう。質問に答えて、点数を合計する。多くの場合、私たちは慢性的に疲れを感じているが、このツールを使えばどの領域にもっとも注目すべきかがわかるはずだ。数カ月おきに評価を繰り返せば、どの程度改善しているか、どの領域でまだ注意が必要かなどといった点がわかるだろう。

次に、FreeToFocus.com/toolsから「Rejuvenation Jumpstart（回復へのジャンプスタート）」をダウンロードする。これを使えば、七つの方法すべてに目標を設定することができる。各領域に最低一つの目標を見つけたら、そこから二つを選んで、その達成に一カ月間全力を尽くす。最後に「Activation Trigger（活動のきっかけ）」の欄に、設定した二つの目標を自分に思い出させるための方法を書き留める。単純なものでかまわない。洗面台の鏡に貼ったメモとか、スマートフォンのリマインダーとか。自分に目標を思い出させて、行動を促すための方法を見つけよう。

ステップ2　カット

STEP2 CUT

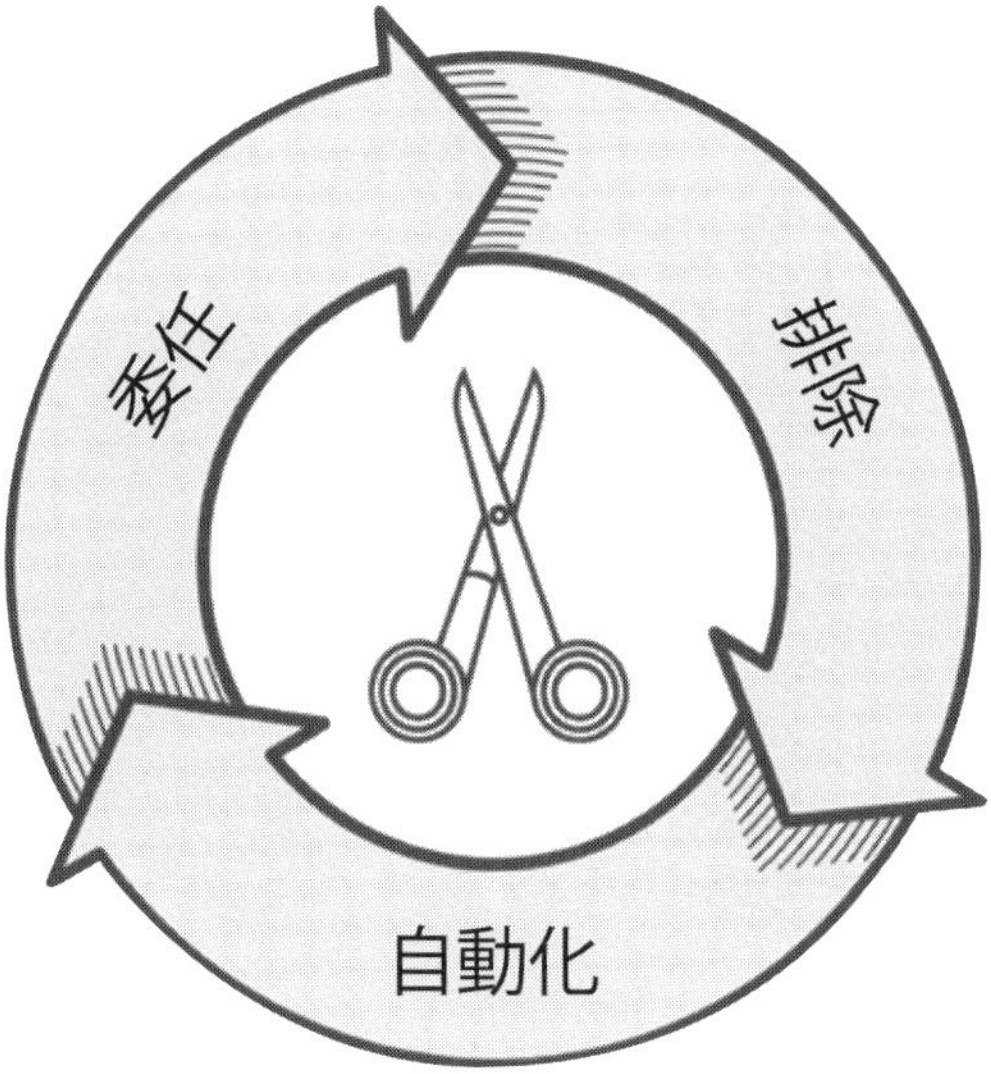

第4章　排除　「ノー」の筋肉を使う

ELIMINATE: Flex Your "No" Muscle

私は、私たちがやってきたことと同じように、やらなかったことにも誇りを感じている。

スティーブ・ジョブズ

数年前、私は職業生活で最悪の一週間に陥った。「陥った」とあえて言うのは、自分がその事態を招いたからだ。あまりにも多くのことに「イエス」と言ってしまったのである。一週間のうちに、私は三つの会社で取締役会議に出席したのだが、そのうちの二社は街の外にあった。取締役会議と移動の合間を縫って、五つの講演会にも参加した。そのうえ、本の原稿の編集・校正もしていて、締切りが目前に迫っていた。もちろん、会議や講演や編集に追われながら、個人アカウントに届いた六六九通のメールにも対処しなければならない。私は疲れ果てて身動きが取れない状態だったが、完全に自分のせいだった。すべてのことに、「イエス」と言っていたのだから。

あなたもそのような数週間を、数カ月を、あるいは数年を過ごした経験があるかもしれない。

仕事、家庭、社会活動、教会、コミュニティ、そのほか数え切れない用事に囲まれながら、私たちは尋ねてくる人々すべてに、貴重なエネルギーをすんなりと分け与える。誰にでも「イエス」と言ってはいけないとわかっているのに、それでも必要以上にいろんなことを受け入れてしまう。なぜだろうか？　多くの場合は、勇気が足りないからだ。対立を嫌い、人々の期待を裏切ると罪悪感を覚え、新しい機会を逃すことを恐れる。理由が何であれ、重要なのは不安を覚えずに「ノー」と言えるようになることだ。

そのための秘訣は、何が本当に大切なのかを思い出すこと。あなたはすでに自分の〝なぜ〟が明らかになっているはず。その〝なぜ〟を絶対に見失ってはならない。勇気とは、どれだけ不安でも大切な価値や原則のために行動しようとする意志。そしてあなたの〝なぜ〟こそが、大切な価値あるいは原則なのだ！　だから自分で守らなければならない。誰も代わりに守ってくれないのだから。

> 勇気とは、どれだけ不安でも大切な価値や原則のために行動しようとする意志。

フォーカスする自由を手に入れたいのなら、行く手を阻む要素のすべてを排除しなければならない。とは言え、単純に悪いアイデアの多くに「ノー」と言えばいいという話ではない。

価値ある優れたアイデアの多くも拒絶する必要がある。忙しい現代社会では、働きすぎや背負い込みすぎの状態を保つのは簡単だ。その一方で、勇気をだして重要でない要求を断ったり、今すでにあなたの時間とエネルギーを奪っている重要ではないタスクを排除したりするのは難しい。生産性を上げるほかの方法はやることリストを最適化することに注目するが、私の「フリー・トゥ・フォーカス」システムでは違う道、つまりやらないことリストにエネルギーを向ける。

本章では、不要な要素――あなたの一日を台無しにするくせに、あなたをゴールに一歩たりとも近づけてくれないタスク――を排除して時間を取り戻す方法を紹介する。そのような時間の無駄をなくすために、あなたの仕事そのものを壊すことなくスケジュール帳とタスクリストをすっきりさせる五つの方法を見ていく。その際あなたは、不要なタスクや任務を排除し、よく考えもせずに「イエス」と言ってきたせいで本当はどれほどの損失につながっていたかを知り、「ノー」の力を解き放つ能力を身につけるだろう。今のところは「ノー」と言うのは不可能に思えるかもしれない。しかし、それほど難しいことではない。「ノー」というたったひとことが、あなたにエネルギーを与え、生産性を高めてくれる。さあ、その使い方を学ぼう。

時間の性質

ポーカーは富をつくらない。むしろ、富を移動させる競技だ。参加者全員が持ち寄った資金をかけて、勝負が繰り広げられる。つまり、一般に「ゼロサムゲーム」と呼ばれる種類のゲームだ。五人のプレーヤーがそれぞれ一〇〇ドルを賭ければ、ゲームの賞金は五〇〇ドルになる。それだけだ。ゲームの経過時点によって各自がもつ金額にばらつきが出るが、全員の所持額を合計すれば五〇〇ドルになる。誰かが一人勝ちするまでゲームを続ければ、勝者は五〇〇ドルを手に入れる。それ以上でもそれ以下でもない。一晩中ポーカーを続けたところで、総額が増えることはなく、始めから終わりまで、元金の五〇〇ドルは変わらない。

FREE TO FOCUS

「ノー」と言うのが
どれだけ心苦しくても、
どの「イエス」も本質的に
「ノー」を含んでいると
理解すること。

**Even if we hate saying no,
we must understand
that every yes inherently
contains a no.**

時間も同じようなもので、ゼロサムゲームだとみなせる。第三章で見たように、時間の流通量は一定で変動しない。あなたも私も、週に一六八時間しかない。時間が、つまりはスケジュールが、ゼロサムゲームであるのなら、ある事柄に「イエス」と言えば、ほかの何かに「ノー」を突きつけることになる。「ノー」と言うのがどれだけ心苦しくても、どの「イエス」も本質的に「ノー」を含んでいると理解しなければならない。例えば、誰かが午前七時にいっしょに朝食をとろうと言ってきたとする。そこで「イエス」と言えば、私は同時に朝の運動に「ノー」を突きつけたことになるのだ。クライアントからの平日のディナーの誘いに乗ったのなら、妻との夕食に「ノー」と言ったことになる。つまりはどういうことだろうか？　私たちは「ノー」と言うのを毛嫌いするが、実際のところは、「イエス」というたびに無意識のうちに必ず「ノー」と言っているのである。

最終的に、それらすべての小さなイエスとノーが積み重なって、私たちのスケジュールははち切れんばかりになる。何かを取り除かなければ、何一つとして追加できないほどに。だから私たちは選ばざるをえないのだが、その多くは、いいものと悪いものではなく、いいもの同士、優れたもの同士、最高のもの同士からの選択になる。

トレードオフを受け入れる

「イエス」と「ノー」は生産性にとって最も強力なキーワードだ。しかし、そのどちらを選ぶにしても、そこには必ずトレードオフが存在することを意識しなければならない。すでに見たように、私たちは何かに「イエス」と言うたびに、ほかの何かに「ノー」と言っている。これは避けようがない。時間は一定なのだから。クライアントからのディナーの誘いと妻との夕食を両方同時に受け入れることはできない。口では言わなくても、クライアントの誘いを受け入れた時点で、最愛の妻にはノーと言ってしまっているのだ。これが「イエス」と言うことに対するトレードオフだ。

もちろん、これら暗黙のトレードオフがいつも必ずネガティブなわけではない。実際はその逆だ。トレードオフの性質を理解すれば、必要なときに「ノー」と言うのが簡単になる。そのためにすべきは、ある機会に直面したときに自分の決断がもたらすトレードオフについて考えること。ほとんどの人は、この点について考えようとしない。私たちはあまりにもあっさりと「イエス」と言い、そのために何を犠牲にしたか、あとになってから気づく。しかし、あるものを選ぶことでほかの何かを犠牲にしていると理解すれば、自分の決断をよりよくコントロールできるようになる。いくつかの難問に答えることで、あなたは「イエス」がもたらす犠牲の大きさを知ることができる。「ここでイエスというと、何をあきらめることになるのだろうか?」とか、「今回ノーと言えば、もっといいほかの何かにイエスと言うことになるだろうか?」とか。そのようなトレードオフに正面から向き合うことは、「ノー」と言うのが苦手な人にとって特に大きな力になるだろう。

やるべきことを見極める

何をすべきかの決断の際にどんなトレードオフが生じるかを知るには、招待、要請、機会などを受け入れるべきか断るべきかを決めるのに役立つ精査フィルターのようなものが必要になる。そんなものがあれば便利だ、とあなたは思わないだろうか？　想像してみよう。何らかの要請が舞い込んできたとき、それを前もって準備されているいつもの〝意志決定フレームワーク〟に投げ込めば、迷うことなくすぐに正しい答えが返ってくるのだ。さて、心当たりはないだろうか？　私たちはすでにそのためのフィルターを設定したのである。

第二章で、あなたは「タスクフィルター」と「自由のコンパス」のワークシートを完成させたはずだ。本物のコンパスと同じで、自由のコンパスがあなたを正しい方向へ導いてくれる。それがあれば、たとえどこかで道に迷ったり間違った方角へ進んだりしても、あなたは自分の真北、自分の理想ゾーンを思い出すことができる。新しい要請や機会が舞い込んできたとき、今あるタスクや任務を見直すとき、大切な生活のために守るべきは「理想ゾーンの外側にあるものはすべて排除の候補である」という原則だ。すべてを本当に排除する必要はないが、それらはどれも排除の候補になる。何かが理想ゾーンの外側にあるとき、少なくとも立ち止まって「これを排除できないだろうか？」と問いかけるべきだ。

あなたが本書を初めて手に取ったとき、物事を断ったり取り除いたりすることが生産性を高める方法だとは考えていなかっただろうが、しかし今ならその必要性が理解できるはずだ。あ

ステップ２　カット

結果に直結する仕事に集中する最善の方法は、リストを満たしカレンダーを混乱させている重要度の低いタスクや義務を取り除くこと。根気ゾーン、無関心ゾーン、快適ゾーンにある項目をどんどんカットしていこう。

なたはもはや〝もっと〟神話の犠牲者ではない。真の生産性とはすでに満杯のスケジュールにさらに予定を詰め込むことではないと、今のあなたは知っている。大切なのは〝正しい〟ことをすること。したがって、不可欠ではないことを取り除く態度が絶対に必要になる。

ガーデニングを想像してみればいい。優れた庭師は草木をぼうぼうにしたりしない。育ちすぎたものを刈り込み、枯れたり病気になったりした植物はすべて取り除く。いわゆる剪定《せんてい》というやつだ。庭師は、最も丈夫な植物だけが残るまで剪定を続ける。なぜだろうか？無駄が除かれてはじめて、植物は本当の意味で力強く成長し、完全な美しさを見せてくれるからだ。それと同じことがあなたにも言える。不必要なものを切り捨てることで、あなたも繁栄するためのスペースを確保できる。多くの人は、この段階をつらく感じるようだが、実際にはここがいちばん楽しい部分だ。あなたは自由のコンパスの使い方を知ったのだから、次は自分の任務、プロジェクト、タスクを評価して切り分ける作業を始める番だ。しかもすばらしいことに、その際あなたは不安になる必要がない。なぜなら、生産性の足を引っ張る要素だけを取り除くのだから。

最初はすでにあなたのタスクリストに載っている項目から始めるのがいい。まず第二章で使ったワークシート「タスクフィルター」を見てみよう。自分が記入したリストをもう一度眺めて、どの項目に「排除」マークを付けることができるかを検討してみる。その方法をここで説明する。リストにある項目のうち、理想ゾーン以外に分類されている活動に目を通す。そしてそれら一つひとつに、「これは本当にやる必要があるだろうか？　切り捨てても大丈夫だろうか？」と問いかける。例えば、第二章で日々の活動を洗い出したときに、リストに「ネットサーフィン」と記入したとしよう。まず間違いなく、あなたがそれを理想ゾーンに分類することはないだろう。つまり、排除が可能だということだ。一方、「ベンダー管理」などの項目は理想ゾーンの外かもしれないが、行われなければならない活動だと言える。この場合、取り除くことはできないだろうから、チェックマークは入れない。心配はいらない。それらを自動化あるいは委任する方法については、のちに説明する。今のところは、やらなくてもあなた個人や仕事にとって悪影響の出ない項目だけを対象にする。排除しても誰も迷惑しないなら、〝カット〟だ。もっと多くの事柄を切り捨てる方法についてはのちに述べるが、今は誠実に考えたうえで消えてもらう必要がある項目をチェックしよう。

しかし、この過程ではあなたのお気に入りの多く――おそらく、快適ゾーンに分類される項目――も審査の対象になるという点は覚悟しておこう。ときには、自分自身に対して「ノー」を突きつけることも求められるのだ。

やらないことリストをつくる

私はこれまで数え切れないほどのＴｏ Ｄｏリスト（やることリスト）を見てきたが、一度もＮｏｔ Ｔｏ Ｄｏリスト（やらないことリスト）に出合ったことはない。もう一度繰り返すが、ほとんどの人は〝もっと〟神話に苦しめられていて、生産性の鍵はもっと多くのことをもっと速く行うことだと理解している。あなたも以前、このアプローチを試したことがあるのではないだろうか。しかし問題は、Ｔｏ Ｄｏリストの項目を増やしても、何の役にも立たないのである。重要ですらない物事をより多くやるための時間が増えるだけだ。この点こそが、「フリー・トゥ・フォーカス」システムが剪定に力を入れる理由だ。

クライアントとの交流を通じて、私はやることの一部を切り捨てるのは、場合によってはとても難しいという事実に気づいた。私たちはときに、それが正しくないとわかっていても〝偽の仕事〟をしつづけることがある。ほかの人をがっかりさせたくないから、「ノー」と言うのをためらうこともあるし、「今までずっとやってきたのだから」という理由で、習慣を変えられないことも多い。私たちは、ポール・マッカートニーが「心地よい単調さ」と吐き捨てるように言った状態に陥っている。[1] 仕事が私たちにエネルギーを与えることもないし、究極の目標や計画の達成に近づけてもくれないのに、私たちのほうがその状態に慣れてしまったのである。
また、あなた自身の考え方もタスクの切り捨てを妨害することがある。私自身、仕事にとらわれてうんざりしている数多くの人々に協力してきたが、彼らは人生が不安定になることを恐れて、変化を取り入れようとしないのだ。失うもののことばかりを考え、得られるものに目を向けようとしない。あまりにも頻繁に、私たちは新しいチャンスなど来ないと恐れ、排除すべき事柄を維持しようとする。これはいわば「ない」を前提にした考え方だ。しかし、私はあえてこう言いたい。私たちは今、とんでもなく豊かな世界に生きているのだ、と。この思いは日増しに強まっていく。

私たちはとんでもなく豊かな世界に生きている。

「一生にたった一回だけ」の機会が存在すると、私にはとても思えない。機会など何度もめぐってくる。一回の機会を逃すことを恐れて、多すぎる仕事を抱え込んではならない。本書の冒頭で、私はミケランジェロの名を出した。ミケランジェロは大理石の塊を前に、その下に有意義で美しいものが埋もれていると知っていた。その彼が、余分な石を削り落とすのに躊躇しただろうか？　もちろん、ためらったはずがない。それに、たとえ失敗しても、代わりの大理石を使って傑作を生み出せばいいことも、知っていたに違いない。だからあなたも恐れずに、ノミを手につかんで仕事に取りかかろう。根気ゾーン、無関心ゾーン、快適ゾーンの重荷を背負ったままでは、絶対に繁栄できないのだから。

新しい要望に「ノー」を

時間がゼロサムゲームであることを理解し、自分がトレードオフを行っていることを認め、自分のタスクを見直し、Ｎｏｔ ＴｏＤｏリストをつくったら、いよいよ「ノー」と言うときだ。今のあなたには数多くのタスクや責任があるのだろうし、毎日どんどん新しい仕事が舞い込んでくるのだろうから、あなたはたくさん「ノー」と言うことに慣れなければならない。私がタスクを絞りはじめたときもそうだった。「ノー」と言う方法を学ぶことは、生産性のパズルを完成させる大切なピースだ。そこで、ここでは少し時間をかけて、ポジティブな「ノー」とはどういったものなのか、詳しく見てみよう。

「ノー」は答えとしては人気がないが、必ずしも無礼であったり、みっともなかったり、品がなかったりするわけではない。実際に、あなたと相手のどちらにも有益な効果をもたらすポジティブな方法で「ノー」と言うのは可能だ。一般的に見て、丁寧に断る必要がある状況は二種類存在する。一つ目は、まだ回答していない新しい要求を断る場合。こちらのほうが簡単だろう。二つ目のシナリオでは、すでに背負い込んだ仕事が理想ゾーンの外側にあることに気づいた場合。ここでは少し気を遣って繊細に対処する必要があり、人としてある程度の誠実さも求められる。どちらの状況でも対処法はいくつかあるが、まずはまだ回答していない要求のほうから見ていこう。

あなたの用いる生産性システムがどれほど優れていても、ほかの人があなたに何かを求めてくるのを防ぐことはできない。しかも今よりも生産的、効率的になるにつれて、あなたはこれまで以上に仕事のできる人物として評判を集めることになるだろう。だからこそ、理想ゾーンの外のやる価値のない要求に、相手の気を損ねることなく確実に「ノー」と言う方法を身につける必要がある。そのための五つのヒントをここで紹介する。

１　リソースは有限であることを認める。

時間にもエネルギーにも限りがある。しかもすでに見たように、時間は一定だ。毎日から足したり引いたりできない。では、エネルギーのほうはどうだろうか？　流動的なのに限りがある？　まさにそのとおり。エネルギーは増えたり減ったりするが、それでも限度がある。積極的に予備のエネルギーを蓄えることができるとはいえ、無限ではない。そのうちいつか、あなたは疲れ切って、燃え尽きてしまう。

完全に燃え尽きるのを避けたければ、時間とエネルギーを現金と同じように割りふる必要がある。それとも、あなたには毎月際限なく現金が流れ込んでくるのだろうか？　きっとそんなことはないだろう。残業したり新規顧客を獲得したりして、変動させることはできるが、それでも限度はある。その収入で一カ月やりくりしなければならないので、慎重な人なら何にいくら使うか、前もって計画を立てるだろう。残金がなくなると、それで終わりだと知っているからだ。月の途中で資金が尽きたら、いくつかの事柄は次の給料日までお預けになるという事実に直面する。言い換えれば、資金源が疲弊したということだ。時間とエネルギーも同じように機能する。使える量は限られているのだから、重要な項目に優先的に振り分けなければならない。

2　誰があなたを必要としていて、誰が必要としていないかを見極める。

人とプロジェクトに優先順位をつけるのは、リーダーにとっても最も難しい課題の一つだろう。しかし、避けて通ることはできない。あなたが自分で時間とエネルギーを慎重に管理しなければ、ほかの誰かがそれをするだろう。要求や期待であなたを圧倒し、最後の一分、一握りのエネルギーにいたるまで奪い尽くすに違いない。オープンドア《門戸開放》ポリシーは理屈としては聞こえがいいが、現実問題として、ドアをいつも開けっぱなしにしていると、自分の仕事ができなくなる。誰かが電話をしてくるたびにそれに飛びつくのが優れたリーダーではない。優れたリーダーとは、自分にとって最も大切なことに集中しながら、その一方でほかのことはあなたがいなくても確実に行われる仕組みをつくる者のことだ。もしあなたが、すべてのプロジェクトのあらゆる問題で頼るべき中心人物とみなされているのなら、あなたのシステムは根っこから壊れていると言える。あなたがうまく対処できる人の数には限りがあるのだから、あなたの助けや指導を本当に必要としている人を優先しなければならない。

3　カレンダーに「ノー」を言わせる。

「ノー」と言う最善の方法は、カレンダーやスケジュール帳のせいにすることだ。その手段としてはいわゆる「タイムブロッキング」がお勧めなのだが、それには初めから計画的に取り組む必要がある。第七章で「理想の一週間＝アイデアルウィーク」のモデルについて学ぶときに、あなたは優先度の高い特定の活動をするための時間を確保する方法を詳しく知ることになる。私のカレンダーでは、それを見るほかの人にもわかるように、そのような時間は「ミーティング」として登録されている。実際にミーティングだからだ。その時間は、私にとっては自分自身とミーティングをする時間なのである。そのようなカレンダーを準備してはじめて、舞い込んでくる要求に向き合えるようになる。私の基準に合わなかったり、すでに決まっているスケジュールに干渉したりする場合、私は迷いなく「ほかにやることがある」と言うことにしている。本当にそうなのだから[2]。

それは無理だ、とあなたは思ったかもしれないので、もう一度指摘しておく。たとえ私がオフィスで一人で仕事をしていても、ほかにやることがあると言っても嘘にはならない。私は自分で自分に割り当てた、あるいはすでにほかの人から受け入れた優先度の高いタスクに取り組んでいる。新しい要求を受け入れたら、すでに受け入れていた任務をないがしろにせざるを得なくなってしまうではないか。たとえそれが自分で自分に課した仕事であっても同じことだ。私はトレードオフを考慮に入れて、カレンダーに「ノー」と言わせることにしている。

新しい要求を受け入れたら、すでに受け入れていた任務をないがしろにせざるを得なくなる。たとえそれが自分で自分に課した仕事であっても。

4　要求に対応する戦略を立てる。

要求が来た場合の対処法については、要求が来たときではなく、前もって考えておくほうがいい。前もって戦略を立てておけば、いざというときも安心だ。私は誰かから時間や関心を求められたら少しプレッシャーを感じる。その状況で何をすべきか前もってわかっていなかったら、重圧に押されて、やってはならないとわかっている仕事を引き受けてしまう可能性が高くなる。

バーバード大学教授のウィリアム・ユーリーが著書『最強　ハーバード流交渉術』（徳間書店・二〇〇八）で時間の要求に対処するための四つの戦略を説明している[3]。しかしそのうちの三つは役立たずだし、それらを使うと、私たちはいくつかの点で罪悪感すら覚えてしまう。しかし、最後の一つは有効な戦略で、ほぼどんな場合でもとても効果的だ。ここで四つの戦略を一つずつ見ていくが、その際、各アプローチを使ったときの時間について考えてみよう。

一つ目は、ユーリーが「迎合」と呼ぶ方法。本当はノーと言いたいのに、イエスと言う。このタイプの反応は、自分の関心よりも要求をしてきた相手との関係のほうを重視するときに使われることが多い。対立したり、がっかりさせたりしたくないので、要求を受け入れる。

二つ目は「攻撃」。つまり、まずい言い方で「ノー」を突きつけることだ。迎合と逆のパターンだと言える。相手との人間関係よりも自分の関心を重視する姿勢だ。要求に対して、いらだち、憤り、恐れ、プレッシャーなどで過剰に反応する。なんらかの理由で、要求が腑に落ちず、攻撃に転じてしまうのである。

三つ目は「回避」で、何も言わないという態度だ。折り返し電話することも、メールに返信することもない。そもそも、メールを読まなかったふりをする。自分から行動を起こさなくても問題がおのずと解消するのを望みながら、要求を完全に無視するか、返事をするまでやたらと時間をかけるのである。相手の気分を害するのは怖いが、彼らの要求には絶対に応じたくないときにとりがちな戦略だ。結果的には、問題を無視して、時間が解決することを望む。しかし、問題が自然に解決することなどめったにない。

これら三つの反応は個別では機能しないし、ときには重なり合って、ユーリーが「スリー・Aトラップ」と呼ぶ状態をつくりだす。[4] 次に挙げる例に、心当たりがある読者も多いのではないだろうか。誰かがメールであなたに手助けを求めてきたとする。あなたには引き受ける気がないので、そのメールを無視する（回避）。一週間後、同じ内容で二通目のメールが来る。イラッときたあなたは、厳しい言葉で「ノー」を突きつける返事を書く（攻撃）。数時間後、場合によってはやっかいな討論をしたあと、あなたは自分の行きすぎた態度に罪悪感を覚え、本当は嫌なのに、お詫びとして彼らの要求を飲むことにする（迎合）。まさに誤った反応の悪循環であり、最終的に、あなたはやりたくないことをやるはめに陥るのである。

しかし幸いなことに、四つ目の戦略がまだ残っている。それが「肯定」だ。これこそが役に立つ反応法で、人間関係や自分の優先順位を犠牲にすることなく、関係者全員に利益をもたらす。ユーリーが「ポジティブなノー」と呼ぶこの健全な反応は、「イエス・ノー・イエス」という単純な定型文の上に成り立っている。[5] 例えば、こんな風に……

1　**「イエス」**

自分にとって大切なものを守るために、自分自身に「イエス」と言う。ここには相手を肯定することも含まれる。あなたも、問題を解決できる人物としてあなたを頼りにした人に恥をかかせたくないだろう。

2　**「ノー」**

次に現実の答えとしての「ノー」が来る。境界を明確に定める「ノー」だ。ここで余地や曖昧さを残してはならない。また、別の機会ならできるかも、などと可能性を見せるのもよくない。その気がないなら、相手に期待させないほうがいい。

3　**「イエス」**

最後にもう一度、相手との関係を肯定したうえで、要求に対して別の解決法を提案する。そうすることで、あなたは責任を背負い込むことはないが、問題解決に前向きに取り組む姿を見せることができる。

この肯定戦略は、驚くほど簡単に実践できるのに、あなたを頭痛と不満の世界から解き放ってくれる。

私がこのアプローチ法を日々の仕事でどう活かしているか、具体的な例を紹介しよう。出版社を経営していた経験のある私のもとには、頻繁に作家の卵たちが現れて、出版できるかどうか原稿を読んでくれと尋ねてくる。週に数回はそんなことがある。彼らの熱心さと、私に声をかける勇気には脱帽するが、すべての原稿に正直なフィードバックを返すことはもちろん、そもそも読むことすらできない。だから私はユーリーの肯定戦略を用いることにしている。

まず、「イエス」で始める。「原稿執筆、おめでとうございます！　実際に原稿を書き上げる人はほとんどいません。また、レビュワーとして私を選んでくれたことにも感謝しています」。次に「ノー」へ移行する。「残念ながら、ほかの職務があるため、私はあなたの原稿を読むことができません。そのため、お断りさせていただきます」。このように、しばらくしたら読む時間ができるかもしれない、などとほのめかしたりせずに、はっきりとした態度を示す。断固たる「ノー」を突きつけて、できることとできないことの境界をはっきりさせるのだ。そのうえで最後に「イエス」で締めくくる。「しかしながら、私はあなたに出版までの道のりをガイドすることができます。もしまだ見たことがないのなら、私のブログ記事『初出版へのアドバイス』をご覧ください。そこで何をすればいいのかを段階的に説明しています。また、『出版への道のり』というタイトルのオーディオ講座も提供しています。出版界における三〇年以上の経験を二一のレッスンにまとめたコースで、きっとあなたの役に立つことでしょう」。もちろん、ブログ記事や出版講座へのリンクを伝えるのも忘れない。この返信メールを私はテンプレートとして保存しているので、レビュー依頼が来たらすぐに対応できるようになっている（メールのテンプレートについての詳細は次章で）。

さて、あなたがふだん直面することが多い状況を思い浮かべてみよう。ミーティングへの参加要請、セールスオファー、昼食への誘い、あるいはあなたにとって優先的ではない新規プロジェクトの部分参加など、それらすべてに、この「イエス・ノー・イエス」の基本は応用できる。相手の意図は肯定し、対応できない理由を述べ、最後にもう一度ポジティブに締めくくる。

興味深いことに、私はこの形で断りを入れた相手からさらに圧力をかけられた経験はほとんどない。ほとんどの場合、「わかりました。問題ありません。ご支援ありがとうございます」などという返事が来る。たまにネガティブな反応が返ってくることもあるが、それは予想されることだ。実際、この点が私たちを最後の五つ目の「ノー」へと導く。

5　誤解される恐れがある事実を受け入れる。

ネガティブな反応が返ってくるのを覚悟しておくことが大切だ。あなたがどれだけ礼儀正しく断りを入れても、正当な理由から「ノー」と言ったのであっても、それでもときどきがっかりする人は出てくる。その失望を直接伝えてくる人もいて、これはあなたにとって間違いなく不快な体験になる。そのようなとき、私は丁寧に応じて共感を示すが、あくまでも「ノー」を貫く。自分で決めた境界をあなたが越えてしまったら、誰もそれを尊重しなくなる。

長い人生、何人かの人をがっかりさせることが避けられないからこそ、最も大切な人々、例えばあなた自身と家族を失望させないように気をつけるべきだろう。私の場合、原稿を読んでくれという要求をすべて受け入れていれば、妻と夕食する時間も、子供たちと過ごす時間も、孫と遊ぶ時間もとれないだろう。必ず誰かが失望することになるのなら、私は自分に最も近い人は決してがっかりさせたくない。

今ある重荷を下ろす

ここまでは新しい要請に対処する方法を見てきた。では、今すでに抱え込んでいる仕事にはどう向き合えばいいのだろうか？　おそらく、あなたには本書を手に取る前から山ほど仕事があって、リストをつくって理想ゾーンの外にある仕事の一部に排除マークをつけたものの、さてどうしたものかと困っているのではないだろうか。ここではっきりとさせておこう。「誠実な人物は約束を守る」。言い換えれば、もしあなたがすでに何かをする約束をしたのであれば、たとえそれが新しい枠組みに合わなくても、約束を守る方法を見つけるべきだろう。とはいえ、任務から解いてもらうように交渉してみるのも間違ったことではない。それに、もしその何かがあなたが嫌いなことだったり、苦手なことだったりしたら、あなたがやったところで、相手にとっても大きな利にはならないはずだ。あなたはせいぜい最小限の努力と関心でその仕事に取り組むに違いない。したがって、約束を見直すのは理にかなっている。そこで、すでに受け入れてしまった仕事について再交渉する際に役立つ四つのヒントを見ていこう。

一つ目は、「仕事を引き受けた責任は自分で負う」。人のせいにしたり、何も知らなかったふりをしたりしてはならない。私たちはときどき、「こんなことになるとは考えていなかった」などと言って責任転嫁する。たとえそれが本当だとしても、やはり約束する前に条件を明確にしておくほうがいいだろう。

二つ目は、「託された仕事を尊重する意志を再確認する」。自分が同意した取り決めから逃げようとしないこと。そんなことをすれば、直接の相手だけでなく、その話を聞いたすべての人が、あなたのことを信用しなくなる。解決策を見つけるためのフォローや支援を拒否すればあなたの評判は損なわれるだろう。それは避けたいところだ。

三つ目のヒントは、「自分の任務をまっとうすることが相手に最善の結果をもたらさない理由を説明する」。あなた自身ではなく、相手にとっての最善に目を向けよう。正直なところ、あなたの都合など、誰も気にしていない。彼らが気にするのは、あなたがその仕事を引き受けたという事実のほうで、あなたがそれを実行する――するはず――と期待している。しかし、あなたがかかわることで彼ら自身にとって最善にならないことが納得できれば、彼らも代わりの解決策を見つけようとするあなたに、親身になって手を貸してくれるだろう。

四つ目は、「問題の解決で相手に援助を申し出る」。決して――繰り返すが、決して――自分の重荷を人に背負い込ませてはならない。彼らはきっと憤慨するだろうし、憤慨するのも当然だ。代わりに、代替案を見つける際の手助けを申し出よう。その際、全員が納得できる解決策が見つかるまでは、あなたが責任を逃れることは決してないとはっきりと示す。

この四つのヒントをすべて実践すれば、あなたは相手を窮地に追いやることなく自分に課せられた仕事を排除するためにできることはすべてやったと言える。相手は困らないだろうし、あなたは良心をさいなまれることもなく、胸を張っていられる。

例として、あなたがある委員会に参加することに同意したとしよう。しかし、のちになって、あなたにはそのための熱意も実力もないことがわかった。いわば、委員会はあなたの根気ゾーンの真ん中に居座っている。さあ、どうしよう？　まず、相手のところへ行ってこう言ってみてはどうだろう。「私に声をかけてくれてありがとう。でも、今になって気づいたのだが、委員会への参加に同意したのは、間違いだった」。こう言うことで、あなたは自分の決断に責任を負ったことになる。そしてこう続ける。「請け負ったのは私自身だし、あなたが私をあてにしているのも知っているので、あなたの気持ちに応えたいし、任期もまっとうしたいと思っている」。これがあなた側からの再肯定だ。肯定したのち、あなたが参加しつづけることが、委員会そのものの不利になる恐れがあると説明するのがいいだろう。「そうは言うものの、正直なところ、私の参加が委員会の役に立つとは思えないんだ。私が請け負っている仕事に、もっと熱意と実力のある人をあてがうほうがいい。残念だが、私はこの仕事に熱意も実力も欠けていることに気づいたんだ。もっと適した人に私の席を譲ったほうがいいと思う」。そしていよいよ四つ目のステップに進み、問題解決のための提案をするのである。例えばこう。「この役割にもっと適した人物を探すのを手伝うと言えば、私を任務から解放してくれないだろうか？

そうすることが、私にとっても、あなたと委員会にとっても有益だと思う」

私はこれまで、まさにこの例のような会話を何度もやってきたし、さまざまな状況で、この四つのステップを実行してきた。ありがたいことに、誰も私に憤慨することはなかったと報告できる。ときには、それは困ると言ってきた人もいる。そのようなときは、私は相手の意を汲み、最善を尽くして任務をまっとうした。それが彼らに対する礼儀だからだ。私が判断を誤ったのは彼らのせいではないのだから、彼らではなく、私が責任を負うのも当然だ。しかし、多くの場合で、相手も納得して代わりになる人物をいっしょに探してくれた。その結果、誰もが納得できる結論が得られたのである。

「剪定」を祝う

本章の目的は、スケジュールからできるだけ多くの項目を安全に〝カット〟する方法を示すこと。腕のいい庭師のように、あなたも理想ゾーンに含まれない仕事はできるだけたくさん剪定すべきだ。スケジュールやＴｏ Ｄｏリストには正しい項目だけが並んでいるのが、理想的な状態だ。削除するとは、不要なものをすべて切り落とすこと――たとえそれが、あなたのリストの八〇パーセントを占めるとしても。もちろん、この剪定プロセスを通じて予期せぬ事態に陥ることもある。自由な時間が増えることに罪悪感を覚える人もいる。あなたは人から助けを求められたときに、時間が余っているのに「ノー」と言うと、相手を失望させると思うかもしれない。しかし、それは罠だ。必要ではない、あるいは望ましくないタスクを切り捨てていくことで、自由な時間が増えるのだから、この点を素直に祝おうではないか！　罪悪感など覚える必要はない。

スティーブ・ジョブズが言うように、「イノベーションとは、千の物事にノーと言うこと」を意味している。自分が切り捨てたものの代わりとして、〝別の〟千のタスクを見つけるプレッシャーに屈してはならない。すべきはリスト項目の排除であって、交換ではない。何度も指摘したように、生産性の目的はあくまで仕事を〝減らして〟より多くを達成すること。仕事を減らすことにためらいを感じるようでは、ゴールにたどり着けるはずがない。じゅうぶんに休みながら自由になった時間がもたらす恩恵を受け入れてはじめて、最高の活動と最善の思考ができるようになる。その結果として、創造性も問題解決能力もかつてないほどに発揮されるのだ。自由時間に「イエス」を言うために、理想ゾーンの外側にある活動に「ノー」を突きつける。罪や恥を覚える必要はない。自由時間をつくるのを義務とみなそう。そうしてよかったと思える日が、必ずやってくるから――まわりの人々も、喜んでくれるに違いない。

FREE TO FOCUS

必要ではないタスクや
望ましくないタスクを
切り捨てていけば、
自由な時間が増えるのだから、
素直に喜ぼう！

**If cutting out unnecessary or
undesirable tasks leaves you with
free time or margin,
that is something to celebrate!**

次の章では、あなたのリストにまだ残っているしつこいタスクのいくつかを自動化する方法を見ていくことにしよう。

ＮｏｔＴｏＤｏリストをつくろう

さあ、あなたの人生にいらないものをどんどん処分しよう！　この過程から、あなたは自由という観点に焦点を当てることになる。まずはワークシート「Task Filter（タスクフィルター）」を手に取って、明らかに切り捨てられる項目にチェックマークを付けよう。次にFreeToFocus.com/toolsで「Not-to-Do List（ＮｏｔＴｏＤｏリスト）」をダウンロードする。このリストを使って、あなたが今後決してすべきではないタスクを特定しよう。

タスクフィルターのおかげであなたはすばらしいスタートが切れたはずだが、そこで立ち止まってはいけない。ほかに思いつくことはないだろうか？　今後かかわるべきでないミーティング、人間関係、機会などを並べてみよう。辞めたほうがいい委員会や書いても意味のない報告書とか。ＮｏｔＴｏＤｏリストが完成すれば、あなたはいつでもそれを見返して、自分にとって優先度が低くて重要ではないものは何か、何をやらなくていいかを再認識できるようになる。

第5章　自動化
自分を引き算する

AUTOMATE: Subtract Yourself from the Equation

文明は、重要でありながらも、私たちがそのことについて考えなくても実行できるオペレーションの数を増やすことで進歩する。

アルフレッド・ノース・ホワイトヘッド

あなたも現代社会のほとんどのリーダーと同じような生活を送っているのなら、連日山のような質問、要求、依頼、突然の訪問、メール、電話、テキストメッセージ、スラックメッセージなどに集中をそがれているに違いない。しかしすでに確認したように、人の注意力は変動するし、量にも限りがある。特定の人だけにすべての注意を向けることもできないし、わずかな注意を払うことすらできないこともある。生産性を最大限にまで高めたいのなら、ときには何があなたの集中を妨げるのか、あるいは妨げないのか、自分でわかっていなければならない。

そして、注意を払うべきタスクを特定できたら、それにどの程度の注意を振り分けるかも考える必要がある。その際の目安として、理想ゾーンに含まれないタスクや優先度が高くない仕事には、脳の力をあまり振り分ける必要がないと考えればいいだろう。

注意をほとんど払うことなく大切なタスクをこなす方法として、自動化を挙げることができる。私が自動化と言うと、ほとんどの人はロボットやアプリ、あるいはマクロのことを考える。しかし、自動化の恩恵を得るのにエンジニアや技術オタクの力を借りる必要はない。毎日、私たちは考えている暇もないほど、多くの仕事をこなしている。それらをやらないわけにはいかない。しかし、〝二〇〇パーセント〟の注意をすべての仕事に払えと、誰かがあなたに命令しただろうか？　仕事の方程式から自分を引き算してもすべて片づくなら、それでいいのでは？　そんなときこそ自動化の出番だ。この点について、私は四つのトピックを想定している。

1　自己の自動化
2　テンプレートによる自動化
3　プロセスの自動化
4　技術の自動化

本章ではこれら四つのトピックを眺めながら、重要な自動化戦略を探っていく。その結果、あなたは根気ゾーンや無関心ゾーンのタスクの多くを自動でこなすことができるようになるだろう。

自己の自動化

最初のステップは、「自己の自動化」プロセスを通じて自分自身を自動化すること。そのためには、自分にとって優先度の高い物事をより簡単に、より効率的にやり遂げるのに役立つルーチンや儀式、習慣などが必要になる。繰り返し指摘しておくが、ここで大切なのは、生活で繰り返される活動のできるだけ多くを、立ち止まったり考え込んだりすることなしに、自動的に実行できる状態をつくること。意識しなくても体が勝手に動いてしまう。そんな儀式やルーチンを身につけるのが目的になる。例えば、ほとんどの人はシャワーを浴びる際の手順を意識することなく実行できる。水道栓を開いたあとの一連の流れを体が覚えているからだ。そのため、頭はほかのことを考える余裕がある。シャワーを浴びているとすばらしいひらめきが得られることが多いのも、そのためだ。この単純なアプローチをほかのことにも応用すれば、生活は一変する。

儀式とは何か

〝儀式〟は「決められた方法で繰り返し行われる習慣や行動パターン」と定義できる。[1] 例えば、多くのプロスポーツ選手は試合前に精神や身体を最高の状態にもっていくために一連の行動を行うが、これも儀式だと呼べる。スポーツ選手だけではなく、あらゆる職業の成功者たちが、そのような儀式を取り入れている。メイソン・カリーの『天才たちの日課』（フィルムアート社・二〇一四）では、一五〇人を超える小説家、詩人、脚本家、画家、哲学者、科学者、数学者などが行っていた日々の儀式が紹介されているのだが、彼らがそのような儀式を行っていたのも、私たちと同じ理由からで、やることを減らしてより多くを達成するためだ。カリーは、日々の儀式とは、「時間（最も融通の利かないリソース）、意志、自制、楽観的な考えなど、一連の有限リソースをうまく活用するための繊細なメカニズムである」と言う[2]。

儀式はあなたに成功をもたらす利点を三つ兼ね備えている。一つ目は、創造性を解放するという点。多くの人は、儀式は創造性を抑圧すると考えるがそれは間違いだ。適切な儀式を生み出すのにはかなりの量の創造力や思考が求められる。しかし、それが必要になるのは、一つのタスクに一回だけだ。

つまり、同じタスクが発生するたびに、新たに考え直す必要はない。あることに一回だけ創造的な力を集中し、二回目からは同じ方法を応用することで、ほかの問題に創造力を向ける余裕が生じる。例として、車での通勤を想像してみよう。運転の際、あなたは詳細を一つひとつ検討する必要はない。もちろん、最初の一週間か二週間は、どの道を通るか、渋滞を避けるにはどうしたらいいか、何時に出発すべきかなど、たくさん考える必要があるだろう。苦労もするし、頭も使うが、その時期が過ぎれば、自動化が始まる。通勤が意識なくできるようになれば、運転しながらほかのことを考える余裕が生まれるはずだ。

第二の利点は、儀式のおかげで仕事のスピードが上がるということ。儀式が身につくと、各ステップのあとに何が来るのか、正確に理解できるようになる。これこそが自動化だ。あなたは何も考えなくていいのに、自然とタスクを効果的にこなせるようになる。

儀式には過ちを正す力がある。これが第三の利点だ。より正確に言えば、儀式にはミスを〝予防する〟性質があると言えるだろう。なぜなら、儀式を考案するとき、あなたは過ちを犯しやすいポイントを予想して、ミスを防ぐ安全手段を組み込むからだ。早い段階で問題が生じた場合、その解決策を儀式に付け足して、儀式そのものを改善していけばいい。外科医にして医療ライターでもあるアトゥール・ガワンデは、医療だけでなくほかのさまざまな業界でも、ミスを避ける手段としてチェックリストの形をした儀式の有効性を主張し、「統制の長所」を強調した。[3] 彼自身の分野、つまり医療業界では、チェックリストが毎年数千の命と数百万ドルの金額を救っている。

四つの基本儀式

繰り返し行わなければならないあらゆる仕事を、儀式につくりかえることができる。実際、実行しなければならない数多くのタスクに対して、方法や中身、あるいは時間などの点でさまざまな儀式を生み出すことができる。私は四つの基本儀式を自分でも実践しているし、ほかの人にも勧めている。朝、晩、平日の仕事始め、平日の仕事終わりの四つだ。私はそれら四儀式の時間を私の「理想の一週間」（七章を参照）にスケジュール項目として組み込んでいる。システムを意図したとおりに動かしつづけることで、私は欠かせない行動を予測しながら効果的にこなし、日々を過ごせるようになった。おかげでそれらをこなすのに頭を使う必要がなく、毎日数時間、思考を解放できている。

私の場合、朝の儀式は目覚めた瞬間に始まり、毎朝私をオフィスまで運んでくれる。この儀式には、「コーヒーをいれる」、「聖書を読む」、「日記をつける」、「目標をもう一度確認する」など、九つの項目が含まれる。九つ全部合わせて一つの儀式だ。毎日同じことを同じ順番でやることで、最高の形で実践できるし、残りの一日に集中できるようにもなる。晩の儀式も同じで、私をリラックスさせ、眠りに誘ってくれる（儀式のプロとして一つアドバイスするなら、決まった時間に就寝できるように、夜にアラームをセットしておこう）。朝と晩の儀式に何が含まれるかは、性格、興味、年齢などが関係してくるので、人によってまちまちだろう。

では、平日の仕事始めと仕事終わりの儀式とは、何のことだろうか？　この二つは仕事のある平日のスケジュールにも書き込まれている。私の場合、仕事始めの儀式は午前九時に、仕事終わりの儀式は午後五時に行われる。毎日この時間に、私の脳は仕事を始める、あるいは終えるのに必要な動作を行う。私は毎日仕事を気持ちよく始め、気持ちよく終えるために何が必要かを念入りに考え、必要な活動を一つの儀式につなぎ合わせた。

オフィスに入るとすぐ、私は仕事始めの儀式を行う。毎日同じ行動を同じ順番で行うと、筋肉がやることを覚えるので、一日の初めにする必要のある一連の小さなタスクを効率的にこなせるようになる。もちろんここでも儀式に含まれる項目や順番は人によってそれぞれなのだが、参考として私が一日のスタートを切るのに必要な五つのタスクを紹介する。

1　メールの受信トレイを空にする。
2　スラックの確認
3　ソーシャルメディアのチェック
4　ビッグ3（第八章を参照）のレビュー
5　スケジュールの再確認

この儀式におよそ三〇分を費やす。言い換えれば、私は仕事のある日は毎日、最初の三〇分をこの儀式のために空けている。おかげで、ほかのことに集中しなければならない時間に、これらのタスクに妨害されることがなくなった。また、ほかの誰かの仕事に煩わされることも防げる。

午後の五時になれば、私は仕事終わりの儀式を始める。予想できたと思うが、やることは仕事始めの儀式とほとんど同じでメールやスラックの確認などだ。当然、毎日たくさんの要求や問題が報告され、私の反応を待っているのだが、日中のおよそ八時間、私はメールもメッセージも確認しない。だから、それらを仕事終わりに処理する必要があるのだ。朝早くよりも夕方のほうが返信することが多いので、私は仕事終わりの儀式に一時間を割いている。早めに終われば、早く家へ帰るだけだ。仕事終わりの儀式には仕事始めの儀式と同じ五つの項目のほかに、さらに二つのタスクを付け加えている。一つ目は、その週とその日にとって特に大切な仕事の再確認。もう一つは、翌日の主要タスクの設定だ。この点については、第八章で詳しく述べる。

あなたもそろそろ、自分の生活のどの部分が「自己の自動化」に向いているか、わかりはじめたのではないだろうか。私のように、朝、仕事始め、仕事終わりなどの儀式でもいいいし、まったく別のものでもかまわない。例えば、あなたが仕事のプレゼンテーションを準備するのにいつも特別な方法を用いているのなら、それを儀式に組み込んで自動化の候補にするのもいいだろう。候補となる機会は、探せばいくらでも見つかるはずだ。本章の終わりまでに、あなたもいくつかの活動を組み合わせて、朝晩の儀式を苦もなく実行していることだろう。

テンプレートによる自動化

前章で、私は作家の卵たちから原稿を読んでくれと頼まれたときにいつも使っているテンプレートを紹介した。これが「テンプレートによる自動化」の例で、私がすでに三〇年以上前から利用しているお気に入りの自動化方法の一つだ。私のもとには毎日のようにそうした要求が舞い込んでくるので、もしそのたびにほかの仕事をストップして各自に個人的な返事を書いていたら、ほかの仕事をする時間がまったく残らなくなってしまう。もちろん、そのような要求に対処するためだけにアシスタントを雇うこともできるだろうが、実際にそうする必要があるだろうか？　そこで私は違う道を選んで、少し時間をとって、要求の種類に応じてそれぞれに完璧な返信を作成したのである。そして、その返信を何度も何度も実際に使ってきた。すでに述べたように、自動化とは一回だけ問題を解決して、そのあとは同じ方法を自動的に応用することを意味している。テンプレートはたった数クリックでそれを可能にしてくれる。

テンプレートを使いこなすには、テンプレート的な考え方をしなければならない。あるプロジェクトに携わるたびに、「この仕事のどの部分を再利用できるだろうか？」と考える癖をつけておくのだ。ある作業を二回以上することが予想されるときには、テンプレートの作成を検討してみる。テンプレートの作成自体には少しの手間が必要になるとしても、結果的には時間を大いに節約できるはずだ。

FREE TO

FOCUS

自動化とは
一回だけ問題を解決して、
そのあとは同じ方法を
自動的に応用すること。

Automation means solving a problem once, then putting the solution on autopilot.

私がふだん使っているなかで、最も一般的なのはEメールのテンプレートだ。その一つはすでに紹介したが、もちろんほかにもたくさんのメール用テンプレートがある。事実、私は三九種類のメール用テンプレートを保存していて、いつでもすぐに使える状態にしている。私のチームもこの方法を採用し、さらに多くのテンプレートを付け足した。それらすべてを数えると、私たちはチームとして一〇〇種類以上のテンプレートを使っていることになる。もしあなたが私か私のチームにメールを送れば、テンプレートの返信を受け取る可能性はとても高い。しかしだからといって、それが人間味のない冷たい返信だ、という意味ではない。それらを定型文書と呼ぶことにすら、私はためらいを覚える。むしろどのメール用テンプレートも、チームが日々最も受け取る可能性の高い質問や要求を想定して、よく考えたうえで個人的に答えたものであると言える。どう答えるべきか、前もってしっかりと時間をかけたのだから、よく考えたうえでの回答だと言っても差し支えないだろう。そして、相手がその返信を自分のために書かれたと思えるよう工夫もするので、テンプレートといえどもとても個人的だ。

さて、メール用テンプレートがどんなものかわかったところで、続けてそれらの使い方を見てみよう。当然ながら、最初のステップはメールの文面を書くこと。それが一般的なメールなら、あなたの「送信済みフォルダー」にはすでに数多くのバージョンのメッセージが保存されていることだろう。それら古いメールを読み返して、テンプレートのたたき台にするのに適したメールを見つけよう。次に、特定の個人に返信すると想定して、実際にメールの草稿を書いてみる。その人に役立つ内容をすべて検討すること。私の援助を求めてきた著作家たちに返信するメールに、私は私が書いたブログ記事や私が提供するオンライン講座へのリンクを含めている。また、そのような基本的な部分は、すべて草稿の段階で文面に含めている。もちろん、だからといってつくったテンプレートをのちに改善すべきではないという意味ではない。しかし、高度な思考を繰り返さなくても済むようにすることがテンプレートの目的であることを忘れてはならない。

つくった下書きを文書としてフォルダーに保存して、必要に応じてそれをコピー＆ペーストして送るのが次のステップだ、とあなたは思ったかもしれない。そうしてもいいが、じつはどのメールソフトも機能として実装している、もっと手軽で簡単な方法がある。その秘密の方法とは、メールソフトの署名機能のことだ。私はマッキントッシュのコンピュータを愛用していて、メールクライアントとして標準のアップルメールを使っている。ほかのメールソフトと同じで、アップルメールでも複数のメール用署名を保存できる。通常、署名は名前やビジネス情報を自動的にメールに挿入するために使われるが、私たちはこの単純な機能を生産性向上ツールとして役立てることにしたのである。私は新しいテンプレートを作成するといつも、メールソフト上で署名として保存することにしている。そして必要なときに、それをわずか数クリックで本文に変えるのである。

アップルメールとアウトルックの場合、保存した署名はウィンドウ上部のツールバー内でドロップダウンリストとして表示される。そのため、メールで何らかの要求が届くたびに、こちらがすべきは返信ボタンを押してから、ドロップダウンリストの署名一覧から適したテンプレートを選ぶだけ。あとは（通常は）個人名を書き換えるだけでいい。本来なら一〇分以上かかっても当然の仕事を、一分もかけずに、場合によってはわずか数秒で終わらせられる。この方法は強力な時間節約法であり、山積みになったメールをあっという間に処理できる。

もちろん、テンプレートを活用できる場はメールだけにとどまらない。郵送する紙の手紙にもテンプレートをつくることができる。例えば、あなたが雇用に関係する仕事に就いているのなら、就職願いの受領や確認に関係するテンプレートをつくればいいだろう。ドキュメントにデジタル署名を付けることもできるので、そのようなものを送るときに手で署名する必要もない。ほかにも、キーノートやパワーポイントでプレゼンテーションをすることが多いのなら、あらかじめレイアウトやグラフィック、あるはタイトルスライドなどをつくって、テンプレートとして保存しておけばいい。ただし、テンプレートを使うのなら、その修正に時間やエネルギーを使いすぎないこと。一回だけ問題を解決し、それを保存し、数クリックだけでいつでも使えるような状態を維持することが大切である。

プロセスの自動化

三つ目の自動化は「プロセスの自動化」で、簡単に言えば、ある仕事や動作を実行するために、容易に実行できる指示に従うことを意味している。儀式と似ている部分も多いが、一般にプロセスと呼ばれるワークフローは儀式などよりもはるかに詳細で具体的な一連のタスクのことを指している。儀式はむしろ習慣の仲間だと言えるが、プロセスは指示の集まりのようなもの。子供用自転車やＩＫＥＡの家具などの組み立て方を書いた説明書などを想像すればいい。そのような説明書ではプロセスの各ステップがとても詳しく書かれていて、指示に従った人は誰もがたしかに組み立てに成功するようにできている。

あなたにも、とても面倒なので誤解しようのない形で文書化すれば便利だろうと思えるプロセスの一つや二つはすぐに思い浮かぶに違いない。ここでうれしい知らせを。プロセスの自動化は、あなたが想像する以上に簡単で、しかも便利なのだ。やっかいなのに繰り返し行うことが必要なタスクを、一連の強力なプロセスにまとめあげる。そのためには、次の五つのステップが必要になる。

1　認識

ワークフローをつくる最初のステップは、自分が今現在どんなことをやっているか、どのエリアでワークフローが役に立つかを把握すること。あなたのビジネスにとって、鍵となる行動は？　どうしても繰り返しが必要な作業は？　毎回休暇旅行に出発する前に、ほかの人にやり方を教えておかなければならないタスクは？　あなたがオフィスにいないときに、ほかの人が電話をかけてきてやり方を尋ねてくる仕事は？　あなたが個人的に対応できなかったことが原因でプロジェクトに支障が出た仕事の内容は？　ビジネスのリズムに注目して、文書化が必要な明らかな弱点を見つけるのだ。もうすでに、あなたにもいくつかの候補が思い浮かんだのではないだろうか？

最初のワークフローは単純なものがいいだろう。複雑なものから始めると、うまくいかずに嫌になってしまうかもしれない。まずは柔らかいボールで練習して、勝つ習慣を身につけるのだ。手始めに単純なプロセスを選んで、必要な手順を最初から最後まですべて洗い出してみよう。その際、細部にまで気を配り、詳細のすべてを可視化すること。私がワークフローを文章に書き起こすときは、その仕事についてまったく何も知らない人でも読めばわかるように書くことを心がけている。何も知らない人に話しかけているつもりでプロセスについて考えることで、その人が必要とするであろうすべての情報を捉えることができる。

２　文書化

自動化が必要なプロセスを見つけ、細部について考えを巡らせたら、次はそれらを文章にまとめる。タスクを完了するのに必要なステップを、一つ残らず書き出すこと。省略も手抜きもしない。その仕事について何も知らない人でも、それを読めばまったくつまずくことなく実行できるように、細かなことまですべてを紙に書き出すことが目的だ。コンピュータのプログラムを書いているような心構えで、文書化に取り組もう。機械が実行できるのはプログラマーが書き記した指示だけ。そこに隙間があれば、埋めることができない。あなたの指示に従う人間も同じだ。彼らがその仕事を実行する際に必要とする情報をすべて与えなければならない。

ワークフローを文書にする方法はたくさんあるので、さまざまな形を試してみて、自分にいちばん合った形を見つければいいだろう。ワープロソフトを使って単純なテキスト文書をつくってもいいし、ノーション（Notion）やエバーノート（Evernote）のような先進的なノートアプリを使うのもいいだろう。スクリーンショットやスクリーンを録画したビデオを挿入して、誰もが簡単に理解できる文書を作成する人も多い。もっと洗練された方法が望みなら、私が気に入って使っているスウィートプロセス（SweetProcess）など、プロセスの形成に特化したツールを使うこともできる。ソフトウェアを使えば考えを整理しやすくなるし、ワークフローの見た目も華やかになるのは確かだが、技術を使いこなせないからといって、プロセスの自動化をあきらめる必要はない。手書きの単純なリストでも、役に立つのだから。

３　最適化

文書づくりのときに手を抜いたり省略したりしなかったのなら、できあがった文書は、あなたが予想していた以上に文字数の多い長文になっているはずだ。それはそれでかまわない。これから最適化するのだから。次の三つの問いを念頭に置きながら、書いたものを読み返すのが次のステップになる。

１　どのステップが省略できるだろうか？
２　どのステップをもっと単純にすればいいだろうか？
３　どのステップの順序を入れ替えればいいだろうか？

批判的な目を向けて、プロセスを微調節する。ワークフローに従う人が必要とするすべての情報を提示しながら、あまりにも文字が多いために彼らが読み飛ばしてしまうことがないように、余分な言葉は削除する。この段階で、プロセスの無駄を省き、可能な限り効率を高める。

4　テスト

ワークフローを書き出し、最適化したら、いよいよテストする番だ。とても大切な段階で、実際のところ、まずいワークフローの大半で、この時点でアラが見つかる。つくった者がきちんとテストする時間をとらなかったり、指示の隙間を自らの経験で埋めようとしたりした場合、ワークフローはうまく機能しない。

だから、この段階で自分が実験台になってワークフローがうまく機能するか確かめてみるのだ。テストをするとき、書かれた指示だけを実行して、欠けている要素がないか確かめること。インチキは絶対にしないこと。書かれていないことをやってはならない。文書に書かれていることを――書かれていることだけを――テストするからこそ、そこに穴や過ちがあることに気づけるのだから。メモをとりながらワークフローの修正を繰り返し、誰が実行しても意図された成果が得られるようになるまで、文書を完璧なものに仕上げる。チームの誰かにワークフローを検証してもらってもいいだろう。

５　共有

プロセス文書に過不足がないことが確認できれば、メール、プロセス作成アプリの共有ツール、ファイルサーバーなどを使ってチームのメンバーと共有する。大切なのは文書を共有し、いつかそれを必要とするかもしれない人に、どこにその文書があるかを知ってもらうこと。そのワークフローを実践した人が隙間を見つけたとしても驚かないこと。彼らにも、積極的に改良に加わってもらえばいい。誰もが実行できる完璧なプロセスが完成するのはもうすぐだ。いよいよワークフローの真の力が発揮されるときが来たと言える。というのも、ワークフローのおかげで、あなたは人に仕事を任せるのが楽になるし、任せても安心できるのだ。

本章のエクササイズは「Workflow Optimizer（ワークフロー・オプティマイザー）」というワークシートを利用する。それを使えば、ここまで紹介してきた五つのステップを確実にこなすことができるだろう。しかし、エクササイズを始める前に、四つ目にして最後の種類の自動化について見ていくことにしよう。

技術の自動化

生産性を高めようとする人のほとんどが最初に目を向ける先、それが技術の自動化だ。オープンドアを気が散る原因として強調するなど、本書はこれまでテクノロジーに厳しい立場をとってきたが、現代のソフトウェアやハードウェアがビジネスにポジティブに影響してきた事実を否定するつもりはない。そもそも、私たちが技術を使ういちばんの理由が自動化だと言える。頭を解放してほかの課題に取り組めるようにするために、重労働や繰り返しの作業をソフトウェアにやらせる。最適なツールを見つけたら、あとはそれを背景で動くように設定し、仕事を任せる。

しかし、テクノロジーについて論じるとき、忘れてはならない点がある。「特定のアプリと結婚するな」という点だ。もちろん、自分にとって最高のアプリを見つけたいと願うのは当然のことだ。しかし、より優れた、より効率的な選択肢が見つかった場合、あるいはお気に入りのアプリやサービスが突然使えなくなったとき、ほかの手段に乗り換える柔軟さを失ってはならない。私の場合も、自分のワークフローに利用したすばらしいアプリやツールの数多くが、テクノロジーのたゆまぬ進化の犠牲になって消えていった。

長い年月を通じて、私はテクノロジー自体は信頼できるが、個別のツールは信頼できないことを学んだ。つまり、大切なのはどのツールを使うかではなくて、どんな種類のツールが必要か、という点だ。例えば、私は特定のToDoリストアプリを使っているが、それはそのタイプのソフトウェアが有意義だと感じているからだ。しかし、トゥドゥイスト（Todoist）、ワンダーリスト（Wunderlist）、ノズビー（Nozbe）、あるいは実際に数多く試したほかのアプリなど、実際に使うものはいつでも変えることができる。テクノロジー手段で大切なのはタイプなので、ここでは生産性を高めるのに役立つアプリを四タイプ紹介しよう。

メールの「仕分け／フィルタリング」ソフト

あなたは初めてEメールを使ったときのことを覚えているだろうか？　読者のなかにはEメールのない時代を知らない若者もいるだろうが、私はメールが普及しはじめたころのことを今でも鮮明に覚えている。消費者向けの最初のEメールサービスの一つがアメリカ・オンライン（AOL）で、同社がトレードマークにしていた「ユー・ガット・メール！」というメッセージは聞く者の胸に喜びと期待を引き起こした。ところが今では、私の受信トレイに対する反応はとてもさめている。放置されたままのメールが集まり、巨大な獣になって日々を、ときには数週間を食い尽くしてしまう。私はこれまでのキャリアのなかで、七〇〇〇を超えるメールを受け取る週が数週間あった。そのどれもが、私の限られた時間とエネルギーと注意を奪っていった。そのぐらいの量になってしまうと、メールは基本的に価値ではなくトラブルをもたらすようになる。

あなたも身に覚えがあって、同じような状況に苦しめられているのなら、メールの仕分けソフトの導入を検討したほうがいいだろう。メールの仕分けと聞くと多くの人が迷惑メールのことを考えるが、それはほんの一部に過ぎない。優れた仕分けソフトはあなたの受信メールを、あなた自身が設定した基準に従って自動で分類し、フォルダーに仕分けする。例えば、販促メール、広告、ニュースレター、領収書、個人メッセージ、プロジェクトノートなどをそれぞれ異なったフォルダーに分けることが可能だ。結果、いったん底なしの受信トレイに入れてからではなく、初めからメールを整理することができる。

Gメール、アウトルック、アップルメールなど主要なメールサーバーのほとんどは、もとから仕分け機能を有している。加えて、「セインボックス（SaneBox）」のように、とても使いやすい商用仕分けサービスも存在している。まるで魔法で、あなたの知らないうちにメールをすべて自動で整理してくれる。この種のサービスは優れた自動化手段の代表格だと言える。それらなしに、私はこのEメールの世界を生きていけない。

マクロ処理ソフト

もしあなたが「マクロ処理」と聞くと気分が落ち込むタイプの人だとしても、ここでコンピュータのプログラミングの話をするつもりはないので、しばらくのあいだお付き合い願いたい。ここで言うマクロ処理とはいくつかの特定の動作を一連の作業として実行するソフトウェアのことだ。ショートカットキーや特定のテキスト、コンピュータ上のある条件、あるいは音声入力などをきっかけに、ソフトウェアがたくさんの「小さな／ミクロの」タスクを一つの「大きな／マクロの」オペレーションにまとめてくれる。

私も毎日の仕事でいくつかのマクロを使っていて、ショートカットキーで動作するように設定してある。あなたもきっと、コピー（cmd+C／ctrl+C）あるいはペースト（cmd+V／ctrl+V）など、いくつかのショートカットキーには慣れ親しんでいることだろう。いったん手軽なショートカットに慣れてしまえば、カットやコピー、ペースト、斜体、下線などをするのにマウスを使うことはほとんどなくなる。指はキーボードにずっとのせたままのほうが、マウスを使うより楽だからだ。したがって、私も仕事でキーボードを使ったマクロコマンドを積極的に活用している。私はキーボード・マエストロ（Keyboard Maestro）というプログラム――これはマック専用のソフトウェアなのだが、ウィンドウズ用にもいくつかのソフトウェアが存在している――を使っていて、よく使うキーボードやマウスのタスクのほとんどが実行できるようにショートカットを設定している。メールプログラムを立ち上げるためにわざわざマウスやトラックパッドに手を動かす必要がなく、ただショートカットキーを押すだけでいい。メールだけでなく、よく使うアプリケーションはそうやって開いている。

キーボードのショートカットキーを使ってできるのは、アプリを開くことだけではない。執筆活動に欠かせないもっと複雑で、タスクに深く結びついた動作も簡単に行うことができる。例えば、テキストのブロックを強調することもできるし、選択した文字列をすべて大文字または小文字にする、あるいは先頭文字のみを大文字にするなどもショートカットキーだけで可能だ。これらはあなたには必要ないかもしれないが、私には欠かせないものだ。ワークフローを自動化するとき、最初のステップは何が自動化できるかを知ることだった。テキストの体裁を整えるためにマウスを使っている時間がとても多いことに気づいたとき、私はマクロコマンドの作成に少し時間を投資することに決めたのだ。おかげで、それらを一瞬で実行できるようになった。今では筋肉がその動きを覚えている。マクロを設定して少し練習したら、あなたもかなりの時間を節約できるようになるだろう。

テキスト拡張ソフトウエア

テキスト拡張ソフトウェアは、特別なタイプのキーボードショートカットだと言える。コンピュータ上で実行されるサービスで、所定の短いテキストを入力するだけで、それを長くて複雑なテキストに変換してくれる。例を挙げると、私が「;f2」と文書内で入力すると（メール内でもほかのテキストでもかまわない）、コンピュータがそれを「Free to Focus™」（ＴＭ記号を含む）に変換してくれる。「;mhco」と入力すると、「Michael Hyatt and Company」と書かれる。「;biz」は私の固定電話番号に、「;dlong」は詳細な形式の今日の日付になる。どれも私が日に何回か使う情報だ。ショートカットキーのおかげで、毎日ことあるごとに一秒ずつ節約できる。塵も積もれば山となる、だ。

ソーシャルメディアでよく使う返信やスラック経由でチームに送ることが多いメモなど、より複雑な文章にも、私はテキスト拡張を利用している。メールのテンプレートと同じで、個人的なメモをほんの数秒で送信できて便利だ。あまりに頻繁に使うので、人のコンピュータを借りて仕事をしなければならないときはとても苦労する。私が愛用しているのはマックとウィンドウズの両方で使える「テキストエクスパンダー（TextExpander）」というアプリだが、ほかにも同じようなサービスが多数存在している。

スクリーンキャスト

コンピュータやタブレット端末のスクリーン上の動きをビデオファイルとして録画し、編集や共有を可能にしてくれるのがスクリーンキャストと呼ばれるソフトウェアだ。私のプロセスワークフローでは中心的な位置を占めている。実際のところ、私の提供するオンライントレーニング講座のすべてに、多かれ少なかれスクリーンキャストが使われている。コンピュータやモバイル機器のオペレーティングシステムの大半にもスクリーン録画機能が組み込まれているが、それらは機能に乏しい。一方、スクリーンフロー（ScreenFlow）やカムタジア（Camtasia）などの専用ツールを使えばできることが格段に増える。録画のコントロールも自由自在で、録画後の編集ツールも充実している。そのような高度なツールを使えば、スクリーン画像上にあなたの顔の動画を重ね、音声を付け足すこともできるので、視聴者にあなたが話しかけるようなスクリーンキャスト講座を作成することもできる。結果、オンラインビデオやウェブセミナーがとても個人的になるので、利用者はワークフローが理解しやすくなる。

簡単な方法を見つける

本章では、私はあなたを自動化の世界に導くために、四つの一般的な方法を紹介した。最初は「自己の自動化」。自分が毎日決まってやっている（またはやりたいと願っている）習慣を知り、それらを儀式としてまとめることを学んだ。二つ目は「テンプレートによる自動化」で、ここでは「この仕事のどの部分を再利用できるだろうか？」とつねに自問する姿勢が求められる。そうすることで、自動化したほうがいい反復的なタスクを見つけやすくなるだろう。三つ目はワークフローの文書化にもとづく「プロセスの自動化」で、最後に四つ目として「技術の自動化」に目を向けて、テクノロジーにもとづく自動化方法を四種類ほど検証したのだった。この四つを通じて、仕事と生活を自動化する方法を見つければ何が可能になるか、理解できたことだろう。

あなたが「これをやるのにもっと簡単な方法があるはずだ」と考えるとき、実際にそのような方法が存在すると考えて間違いない。だから探せばいいのである。日ごろ行っていることのすべてに、この問いを投げかける習慣を身につければ、これまであなたのリソースを少しずつ削りつづけてきた数多くの小さなタスクが自動化され、驚くほど多くの時間を、面倒を、努力を、エネルギーを節約できるだろう。自動化を取り入れることで生活は楽になり、創造性が解放され、達成しなければならないより高度な活動に集中できるようになる。結果として、日々の生産性が総じて高まるはずだ。自動化は私にとって最も有益な生産性ツールの一つ。あなたにもその便利さを味わってもらいたい。

エクササイズを済ませたら、次の章へ移る準備は整った。次章では、排除も自動化もできないタスクに対処する方法として、委任の力を学ぶことになる。委任はとても強力な手段だ。自分には任せる相手がいない、などと考える必要はない。最も孤立した個人事業主もすぐに利用できる方法や戦略を紹介するので、見逃さないように。

タスクの合理化

自動化は生産性を高めるための強力な手段ではあるが、生活を手当たり次第自動化すればいいという話でもない。時間を節約するために自動化をするのなら、希望どおりの仕組みをつくるために、時間をかけてしっかりと設計し、実装する必要がある。それを確実にするために、二つのエクササイズをやってみよう。

まず、FreeToFocus.com/toolsから、「Daily Rituals（日々の儀式）」というタイトルのワークシートをダウンロードする。四つの基本的な儀式を自分なりにデザインするのに便利なテンプレートだ。儀式に加えたい活動とそのために必要な時間を指定する。時間を合計することで、各儀式にかかる時間もわかる。具体的な活動項目は人によってさまざま。ただし、含めるステップの一つひとつを慎重に検討すること。朝晩の自由時間にそのような決まり事を設けるのは初めのうちは抵抗を感じるかもしれないが、とにかく一カ月ほど続けてほしい。あなたの生活は一変するに違いない。

次に、もう一度ワークシート「Task Filter（タスクフィルター）」を見返してみる。削除すべき項目にはすでにチェックマークがついているはずなので、今回は自動化の候補になる項目に印を付け、そこから今すぐ自動化に取り組む対象を一つ選ぶ。四つの自動化――自己の自動化、テンプレートによる自動化、プロセスの自動化、技術の自動化――のどれでもいい。プロセスの自動化の場合は、もう一つ役に立つツールを紹介しよう。

FreeToFocus.com/toolsで「Workflow Optimizer（ワークフロー・オプティマイザー）」をダウンロードする。必要な行動のすべてを書き出し、細かなステップに分け、望みの結果が得られる正しい順番になるように番号を振る（料理レシピの材料リストと手順のようなものだと想像しよう）。書き終えたら、そのとおりに実行してみて、必要なら修正を加える。完成した手順書は、仕事のやり方の記憶があやふやになったときに読み返せばいいし、あなたの代わりにチームの誰かにその仕事をやってもらうときには、その人に渡せばいい。つまり、委任のときにも役に立つのだ。

第6章　委任　自分のクローンをつくるよりも優れた手段

DELEGATE: Clone Yourself —— or Better

私は、ほかの人ができないあるいはしないであろうとても重要な何かがあるとき、ほかの人ができるあるいはするであろう何かを自分でしようとしたことは一度もない。

ドーソン・トロットマン

誰もが「金では幸せを買えない」と言うが、本当にそうだろうか？　話はそれほど単純ではない。時間よりもやることのほうが多いという感覚を、研究者たちは「時間飢饉」と呼ぶ。鏡の裏側の世界に紛れ込んでしまったら、タスクのリストが時間を凌駕し、決して追いつけなくなる。すでに見たように、回し車のなかの生活は私たちの生産性はもちろんのこと、幸福感にも直接の悪影響を及ぼす。

ハーバード・ビジネス・スクール　のアシュレー・ウィランズを中心とした研究チームがこ

の問題に取り組んでいるのだが、複数の経済先進国における六〇〇〇を超える被験者を対象に行った調査を通じて、ウィランズは時間飢饉を克服し、幸福感と満足感を増すためのとても単純な方法を見つけた。時間を買うのである。しかし、そもそも時間など買えるのだろうか？

多くの項目を排除または自動化したので、あなたの重要タスクのリストは比較的短いはず。まだリストに残っているのは、誰かがやらなければならないタスクだけのはずだ。問題は、それを実行するのがあなた自身である必要があるか否か。多くの場合で、答えは「ノー」だろう。たしかに幸せを買うことはできない。しかし、あなたにとってストレスが多くて好きになれないタスクを人に任せることで、時間を買い戻すことはできる。結果として、それが幸せに通じるのである。委任することでストレスに満ちた嫌いな作業を数多く減らせる。結果として、幸福感は増すし、自分のスケジュールに対するコントロールを取り戻すこともできるのだ。ウィランズら執筆陣は自分たちの発見について「時間を買うために資金を使うことで人生の満足度が高まり、時間を買うために資金を使った人では、人生の満足度を下げる時間的ストレスの典型的な悪影響が軽減する」と述べている[1]。

人に任せるなんて……

基本的に〝委任〟とは、自分にしかできない仕事にもっぱら集中するために、そのほかの仕事は熱意をもって高い実力で取り組んでくれる人に譲り渡すことを意味している。しかし正直なところ、これは多くの場合でリーダーにはとても難しいことだ。特に、あなたがあなたのビジネスで必要になるあらゆる業務を〝そこそこ〟うまくこなすことができるという呪いを受けているのならなおさらだ。あえて「呪い」と言うのは、それが好ましいことではないからだ。あなたは〝そこそこ使いものになる〟人物を意図的に雇い入れようと思うだろうか？　もし熱意も実力もない仕事をやりつづけることにこだわるのなら――おめでとう――あなたは史上最悪の雇用者選手権のチャンピオンだ。

FREE TO FOCUS

幸せを買うことはできないが、
時間を買い戻して
幸せになることはできる。

**You can't buy happiness,
but you can buy back your time-and
that amounts to the same thing.**

愛を買うことはできないが、時間を買うことはできる。一週間には一六八時間しかない。しかし委任をすることで、時間の一部を、特に理想ゾーンの外の活動に費やしていた時間を取り戻すことができる。

しかし、私たちは違う。戦略的に優れていて、組織としても健全な委任というやり方が存在することを知っている。ところが問題があって、私たちは委任が理想的な解決策であることを知りながらも、自分の環境には適していないと考えてしまうのだ。「私には多くの責任がある」とリーダーは言う。「人任せにするわけにはいかない。責任は自分にあるのだから」。私自身、何度もそう言ったことがある。しかし、私がクライアントに言うように、あるいはクライアント自身も言うように、この考えは間違っている。タスクの成果に対する最終的な責任はあなたにあるのかもしれないが、通常、その実行に人の手を借りることは許される。同じように、私たちは「自分でやるほうが早い」と言うことも多い。しかし、この考えも間違っている。委任は、新しい人がある程度のスピードを身につけるまで減速が必要になるが、長期的に見ると、他人を信頼し訓練することで、あなたが理想ゾーンで過ごす時間が増えていく。ウィランズが言ったように、委任とはまさに時間を買う行為なのだ。

人によっては、委任するほどの金銭的余裕がないと考える。しかし、予算を上回る成果を得ることができるのだから大丈夫だ。

この場合、足りないのは資金ではなくて創造性だと言える。意志のあるところ、道もある。パートタイムの臨時職員、バーチャルアシスタント、あるいはオンライン・フリーランスサービスなどが利用できる。理想ゾーンのタスクに費やす時間は、ほかの何かをやって無駄に過ごす時間よりも多くの利益をもたらしてくれるので、委任で支払った額以上の見返りが期待できる。だから初めから資金に頭を悩ませる必要はない。大切なのは、〝どう〟よりも先に〝何〟を決めることだ。

足りないのは資金ではなくて創造性。

委任しない言い訳として、私がこれまで聞いたなかで最も嫌な気分になるのは、「人に任せてみたことはあるけど、うまくいかなかった」だ。もしも、誰もが一回や二回何かを試してみて、うまくいかないからと言ってあきらめていたら、この世には芸術も、音楽も、技術も、製品も、薬も、何もかも存在しないだろう。芸術も音楽もない世界を想像してみよう。それが一回か二回試すだけですぐにあきらめる世界の姿だ。人間が生きる世界のすべてが、徹底的な試行錯誤の結果なのである。一回や二回うまくいかなかったからといって、生産性を高める主要手段である委任をあきらめるのなら、あなたは制御不能なＴｏ　Ｄｏリストというより大きな問題に直面することだろう。

これまで長年にわたり自分でこなしてきたタスクを手放すのに抵抗を感じる気持ちは私にもわかる。しかし、自分の時間を買い戻すことは可能であり、しかも努力に見合った成果を得ることもできる。委任の名人になるには三つの秘密がある。この三つに細心の注意を払おう。一つ目は「委任の序列」。その仕組みを知れば、あなたはどの活動に自分の時間とエネルギーを費やすべきで、どの活動にそうすべきでないか、はっきりとわかるようになる。

委任の序列

あなただけができる、あるいはあなただけがすべき主要活動を見つけるために、「自由のコンパス」をもう一度見返して、まだ残っているタスクを確認してみよう。四つのゾーンを逆の順番でたどっていくことで、あなたにも人に任せるべきタスクはどれか、どれぐらい早急に解決策を見つけるべきか、わかるようになる。私はこの過程を「委任の序列付け」と呼んでいる。まずは、あなたが最も嫌っているに違いないタスクから始めよう。

優先度１・根気ゾーン

根気ゾーンにはあなたが熱意も実力もないタスクが含まれる。ここまでの過程で、そのほとんどを削除あるいは自動化できていれば理想的だ。それでもまだ生き残っているタスクは基本的にすべて委任の候補になる。できるだけ早く、それらを手放そう。

自分がほかの何よりも嫌いなタスクを人に任せることに罪悪感を覚える必要はない。第二章で見たように、あなたが嫌いでも、〝誰もが〟そのタスクを嫌うとは限らないからだ。実際に、あなたが根気ゾーンに入れるタスクのことごとくが、ほかの人では理想ゾーンに含まれることだってありえるだろう。例えば家事。あなたは部屋を掃除したり洗濯物をたたんだりするのが大嫌いかもしれない。しかし、そのような活動が理想ゾーンの頂点に来る人もいるはずだ。同じことが会計処理や設計、マーケティングなどにも言える。

第一章でマットという名のクライアントを紹介した。考えを「私はこの仕事をもっと短い時間で、もっと容易に、もっと安くできるだろうか？」から「この仕事を、そもそも私がすべきだろうか？」に切り替えたことで、マットの人生は仕事でも、プライベートでも一変した。その際、大きな障害になったのは根気ゾーンのタスクを人に任せることだった。「やっぱり自分でやるしかない」と、昔の彼なら言っただろう。「自分で楽しめない仕事を、人に押しつけていい理由があるだろうか？」と。楽しくない仕事を人にやらせるのは傲慢だし、失礼だと思えた。では、何が変わったのだろうか？　「私の根気ゾーンがほかの人の根気ゾーンと同じでないことがわかったのです。私がその仕事を人にさせないということは、彼らから楽しい仕事を奪っているのと同じことだと気づきました」。自分が嫌いな仕事を人に委任しないこと、自分が嫌いなものは誰もが嫌いなはずと考えること、それこそが傲慢な態度なのだ。

私のコーチを受けるもう一人のクライアント、ケイレブも同じような経験をした。「私が不安だったのは、エグゼクティブサポート系のタスクの多く、例えば顧客への対応などをアウトソーシングすることでした」とケイレブは話した。「そのようなタスクを手放すのに抵抗を感じました」。しかしそのうち、ケイレブはコーチングのセッションに参加しているほかのクライアントが委任をうまく使いこなしていることに気づきはじめたので、自分でも試してみる気になったのである。「自分の熱意と実力の外側にある活動を明らかにしたことで、エグゼクティブサポート要員を雇う気になれました。私がやる気になれなかった根気ゾーンの活動の多くが、ほかの人には多くのエネルギーのもとになり、彼らはその仕事を私よりもはるかにうまくやってのけることができたのです。そうした仕事を人任せにすることで、私は理想ゾーンの活動、つまり本当に最も影響の大きい活動に費やす時間を三〇パーセントから七〇パーセントに増やすことができました。結果、ビジネスそのものがエネルギーとフォーカスに満ちています」

自分の根気ゾーンのタスクを、それらが得意な人に任せることで、あなたは自分にとって本当に大切な仕事に集中する時間を増やせるのである。加えて、嫌いなことをしなくなるので、新たなエネルギーがみなぎり、理想ゾーンの活動にまっすぐ取り組めるようになる。

優先度２・無関心ゾーン

次の委任候補は無関心ゾーンにまだ残っているタスクだ。得意な仕事だからといって、あなたがそれをしなければならない理由はない。熱意を感じられない仕事をやりつづけると、情熱を向けるべき仕事に費やせるエネルギーが減ってしまう。

私は自分のビジネスで必要な会計の基礎は理解しているし、何年にもわたって、自分で担当してきた。しかし、私はその作業が嫌いだったので、いつも後回しにしてきた。ところが、会計仕事が好きな最高財務責任者（ＣＦＯ）を雇い入れたことで、私はかなりの時間を理想ゾーンの活動に振り分けることができるようになったのである。この「理想ゾーンの活動に費やす時間を増やす」というのが、どんな場合でも最終的な目標になる。したがって、排除も自動化もできない退屈な仕事があるのなら、たとえあなたがその仕事を得意としていても、ほかの人に任せたほうがいい。それらは根気ゾーンのタスクよりは委任の序列は下がるが、人に任せるのをあまり先延ばしするべきではない。退屈なことを続けていると、最後は燃え尽きてしまう。

優先度３・快適ゾーン

排除と自動化をしてもまだ快適ゾーンに残っているタスクは少しやっかいだ。楽しい仕事なので、あなたはそれらのタスクを自分でやりたいと思うかもしれない。しかし、その仕事をもっとうまくできる人がいることがわかっているのに、自分で平均点以下の仕事をやりつづけて時間と費用を無駄にするのも困りものだ。

私はウェブデザインをいじるのが好きなのだが、事業のウェブサイトを運営できるほど高いスキルはもっていない。楽しいからというだけの理由で私がウェブサイトの運営を引き受ければ、時間だけが無駄にかかり、二日に一回はサイトがダウンするだろう。したがって、心苦しくても、快適ゾーンの仕事も人に任せることを検討すべきだ。タスクごとに、「私はこのタスクに対してどれだけの熱意をもっているだろうか？　これを発展途上ゾーンに移せば、のちに理想ゾーンに動かせるほど実力を高めることができるだろうか？」と、問いかけるのである。その答えが「ノー」の場合は、委任すべきだ。

優先度４．理想ゾーン

根気、無関心、および快適ゾーンから、可能な限りすべての項目を排除、自動化、もしくは委任すれば、あなたの世界は一気に広がる。一夜のうちにそこまでたどり着くことはできないだろうが、時間のほとんどを理想ゾーンの活動にフォーカスして過ごすことが目標だ。しかし、理想ゾーンの活動も人に任せたほうがいい場合もある。考えられる理由は一つ、自分では効果的にこなせないほどたくさんのタスクが理想ゾーンに含まれているときだ。信じられないかもしれないが、ほとんどの時間を理想ゾーンで過ごしていながらも、身動きができないほど忙しい場合も想定できる。特にリーダーほど、そのような状況に陥りやすい。あなたもそうなった場合には、どのタスクに最も熱意を傾けられるか、どれで最高の実力を発揮できるか、各タスクを吟味する必要があるだろう。結果、愛してやまない仕事のいくつかを人に手放さなくてはならなくなるかもしれない。あるいは、それらタスクを少なくとも部分的には人にやってもらう方法を見つける必要に迫られるだろう。そうすることで、あなたは最も楽しくて、最も得意な部分だけは維持できるはずだ。

これで〝何〟を委任すべきか、あなたにもわかったはずだ。しかし、委任をマスターするにはそれだけでは足りない。次は〝どう〟委任するかの番だ。

委任の手順

委任はリーダーシップに欠かせない能力で、生産的なライフスタイルの一部だと言えるが、私は委任が失敗したケースを幾度となく見てきた。ほとんどのリーダーは委任ぐらいできると考えるが、実際にプロジェクトやタスクを人に任せる段になると、うまくいかないことが多い。その結果、以前より状況が悪化するだけでなく、将来的には委任すること自体に抵抗を感じるようになる。委任する気になれないので、自分で多くの責任を抱え込み、最後は生産性も仕事の喜びも失われていく。結局、リーダーは果たせない責任の数々を背負い、誰からのサポートも得られないまま苦しみつづけるのである。身に覚えがないだろうか？

そのような状況では、すべてを従業員のせいにしたり、あるいはさらに悪いことに、委任など絶対にやってはいけないことだと思い込んだりしやすくなる。しかし現実ははるかに厳しく、責任を真っ先に負わなければならないのはリーダーのほうなのだ。さらに言うなら、正しく委任する方法を知らないリーダーが悪い。委任なんて仕事や指示を誰かに与え、その人の努力の成果を刈り取るだけのことだ、と考える人が多い。しかしほとんどの場合、その考えは間違っている。委任とはプロセスであり、時間をかけて実行する行為なのだ。あなたの目標は最も大切な仕事を安心して託すことのできる、熱意と実力のあるチームメンバーを育てること。それを実現するには、あなたが主体になって信頼とスキルを伸ばすプロセスを実行しなければならない。ここで紹介する七つのステップをチームメンバーとともに行うことで、あなたは身のまわりの人々を有能な従業員に育てるだけでなく、未開拓のリーダー資質を発見することもできるだろう。

１　「何を委任するか決める」

「委任の序列づけ」を行うことでどのタスクがどの順番で委任されるべきかわかるはずだ。まずは根気ゾーンのタスクから始めて、次に無関心ゾーン、そして快適ゾーンへと進めていく。また、理想ゾーンのタスクをすべて自分でやる時間がないのなら、タスクを減らす、あるいは部分的に人に任せる方法を検討する。そうするのは当然だと思うかもしれないが、このステップが出発点であることを忘れてはならない。スタートに失敗して何を人に任すべきか決められないようなら、あなたは委任をマスターできない。

２　「適任者を選ぶ」

「自由のコンパス」はあなただけに有益ではない。チーム全員の役に立つ。理想ゾーンで仕事がはかどるのはあなただけではない。誰もができるだけ多くの時間を理想ゾーンで過ごすべきなのだ。したがって、誰かに仕事を託すのなら、その仕事に熱意と実力をもって取り組んでくれる人を見つけること。例えば、あなたのソーシャルメディア・アカウントの管理を人に任せる場合、ソーシャルメディアなど時間の無駄だと考えている人や、自分でフェイスブックやツイッター、あるいはインスタグラムのアカウントをもったことがない人を選んではならない。そんな人にはあなたのソーシャルメディアの影響力を最大にするアイデアもないだろうし、まともな仕事ができるはずがない。大惨事につながるのが目に見えている。委任の名人になるには、慎重さと注意力を養い、人とタスクをうまく組み合わせられるようにならなければならない。それができるようになれば、あなたは想像以上の成功を手に入れるに違いない。

3「ワークフローを伝える」

適任者を見つけたら、次にその人に仕事のやり方を教える。ここで役に立つのが、第五章で作成したワークフローの手順書だ。ワークフローを文書化してプロセスを自動化することで、委任もとても容易になる。手順書を渡し、その使い方を教えれば、あとは自然とうまくいく。また、もしあなたがまだワークフローを文書化していないとしても、心配する必要はない。仕事によっては、文書化に適していないものもある。あるいは、専門分野でないので、あなたにはその仕事を実行するのに必要なすべてのステップがわからない場合があるかもしれない。そのようなときは、あなたが何を求めているのか、どんな成果を期待しているのかを詳しく話して聞かせる。相手によっては、あるいはその仕事の複雑さによっては、自分なりの方法を見つけてもらったり、やり方を文書化してもらったりしてもいいだろう。あるいは、一回か二回、相手といっしょにその仕事をやってみて、やり方を覚えてもらうという方法もある。いずれにせよ、次のステップに進む前に、あなたがどのような成果を求めているのか、はっきりと伝えること。

4 「必要なリソースを与える」

実行と成功に必要なリソースのすべてを、仕事を引き受ける人に確実に与えることが四つ目のステップになる。鍵、ファイル、専用道具などの物品が必要になる場合もあるだろう。ログイン情報やソフトウェアなど、知的リソースを与えなければならない場合も想定できる。ほかのチームメンバーや部署にメールを送って、特定の人物にあなたの代わりに仕事をする権限を与えたことを知らせておく必要があるかもしれない。これらはどれも細かいことであるが、数多くの委任の試みがつまずく原因でもある。プロセスのすべてのステップに慎重に思いをめぐらせ、必要なものすべてを間違いなく提供すること。

5 「委任レベルを特定する」

他人に責任を預ける前に、あなたが何を期待しているのか伝えておく。その際、仕事の手順を一つずつ説明するだけではまだ足りない。相手にどれだけの権限を与えるのか、はっきりさせておかなければならない。調査のみ行い、結果を報告してもらいたいだけ？　それとも、中間チェックなどなしに、完了するまでプロジェクトを率いてもらいたい？　つまり、シナリオごとに委任のレベルも異なっているので、どれほどの権限を譲り渡すのかはっきりさせておかなければ、あなたにも相手にも混乱と不満が生じかねない。双方の期待にずれが生じれば、委任の名人でさえつまずくことがある。この点については、のちに詳しく述べる。

6 「自由に行動する余地を認める」

相手がどんな成果が求められているのかを知り、必要なものをすべて受け取り、どの権限を受け取ったのかを理解してはじめて、あなたは鍵を手渡し、プロジェクトやタスクを託すことができる。しかし意外なことに、多くのケースで委任が失敗に傾くのはこの段階だ。もちろん、私たちは人に仕事を託したら、その場から一歩引き下がらなければならないのであるが、それが苦痛になることもある。相手に道を譲るのが、感情的にどうしてもできないときがあるのだ。これがいわゆる〝マイクロマネジャー〟、つまり部下の一挙手一投足に口出ししようとする過干渉上司が誕生する瞬間だ。私もかつて、過干渉上司の下で働いたことがある。あのころの私の生活はさんざんだった。その上司は私を監視し、行動するたびに疑問を発し、私の決断にあとから文句をつけた。誰もそのような状況で働くべきではない。有能なメンバーを選び、正しく準備したのなら、その人にも仕事ができるはずだ。あなたは一歩退いて、道を空けてあげよう。

７　「必要に応じて中間確認をしてフィードバックを与える」

あなたには口やかましくする気がないとしても、誰かに仕事を任せたあとは、何もせずにただじっと待っていればいいと考えるのも間違いだ。委任は放棄ではない。たとえ仕事を他人に託したとしても、その結果に責任を負うのはあなたなのである。したがって、ときどき様子を見て、すべてが予定どおりに進んでいるか確かめる必要がある。しかし、もう一度強調しておくが、過干渉はしないこと。あなたはその仕事をしてもらうために彼らを雇ったのだから、彼らにその仕事をする尊厳を与えよう。ただし、すべてがうまくいっていることを確認するために、彼らの行いから目を離さないこと。

チームメンバーの手を引いて以上の七つのステップを通り抜けたとき、あなたは信頼できる質の高い仕事が行われると期待することが許される。チームメンバーが成長するにつれ、あなたは彼らにあなたの代わりに行動する権限をより多く与えられるようになる。あなたのエネルギーと生産性が爆発的に高まる瞬間がやってきたのだ。

五つのレベルの委任

委任プロセスの一つとして、委任レベルの特定を挙げた。あなたにはなじみのない考え方だと思うので、ここで少し詳しく説明したい。手始めに、次の例を見てみよう。私は最近、ある若いリーダーを指導する機会があった。ここではその人物をトムと呼ぶことにしよう。トムは特別なイベントを企画していたのだが、チームの誰かが、彼が権限を与えていないあるプロジェクトを実行したことがわかってとても驚いたのだった。その話を私にしたときのトムは明らかにイライラしていた。彼は、チームはバラバラで、彼が許していないことを勝手にやっていると考えたのだ。状況について詳しく聞いたあと、私はこう言った。「それはチームメンバーのせいじゃないよ。問題は、仕事を任せたときに、君が何を期待しているのかはっきりと伝えなかったことだ」

トムは目を丸くした。彼は従業員に完璧な指示を与えていたと考えていたのだが、私がこれから説明する委任のレベルの話をしたとき、自分が状況をどれほど混乱させ、曖昧にしていたかを悟った。仕事を任せるとき、最終的な成果を描写するだけでは足りないのである。どれだけの権限と自由を譲り渡すかもはっきりさせなければならない。それを怠ると、あなたは何もしない怠け者と度が過ぎる頑張り屋に驚かされることになるだろう。手綱をどれだけ緩めるか、それをはっきりと伝えるのはあなたの役目だ。それを伝える手段が、委任の五つのレベルなのである。[2]

委任レベル1

委任レベル1では、あなたが指示したことのみを正確にやってもらう。それ以上もそれ以下も認めない。つまり、「これとこれを君にやってもらう。指示以外のことはするな。ほかの可能性についてもよく検討した結果、君に何をしてもらうか決めたのだ」という態度だ。その際、言葉遣いがとても重要になる。

- 「これとこれを君にやってもらう」　何をすべきかを相手に正確に伝える。誰もあなたの思考を読み取ることはできないのだから、誤解が生じないように的確な指示を与える。
- 「指示以外のことはするな」　やっていいことと悪いことの境界を明らかにして、あなたが何を期待しているのかを相手にわからせる。
- 「ほかの可能性についてもよく検討した結果、君に何をしてもらうか決めた」　この一文で、あなたがこのレベルを選んだ合理的な理由を明確にできる。

このレベルは新人やまだ経験の浅い人、下請け業者、もしくはバーチャルアシスタントに向いているが、あなたが明確な成果を期待していて、それだけをやってもらいたいときにはいつでも応用できる。

委任レベル2

誰かにあるトピックについて検査や調査をしてもらい、その成果を報告してもらう場合を委任レベル2とみなす。それだけだ。つまりレベル2では、委任された人物は調査だけを行い、あなたを代理する行動は一切起こさない。例として紹介したトムが失敗したのはこのレベルだ。トムはある人に調査をするように指示を出したつもりになっていたのだが、その相手が行動を起こしたので驚いたのだった。その際、トムが「これとこれを君にやってもらう。このトピックについて調査をして、結果を私に報告してくれ。その結果について議論したうえで、のちに君に何をやってもらうか私が決めるから」と言っていれば、問題は避けられただろう。ここでも、次の言葉が重要になる。

- 「これとこれを君にやってもらう」　わかりやすく説明すること。相手に正しく理解させるのはあなたの仕事だ。
- 「このトピックについて調査をして、結果を私に報告してくれ」　ここで、「調査」の意味も明らかにする。グーグルで調べるだけでいい？　オンラインアンケートや顧客への電話調査は必要？　あるいはベンダーからの入札も期待している？　要するに、調査の範囲をはっきりと定義するのである。大切なのは明確さだ。

●「結果について議論したうえで、のちに君に何をやってもらうか私が決める」　この文章には二つの重要な利点がある。一つ目は、調査結果についてのちに議論することを相手に伝えられるという点。二つ目は、決断するのはあくまであなたであると明らかにできる点だ。それをもって、あなたは相手に、君は行動を起こしたり決断を下したりする権限をもっていないのだ、とはっきりと境界を示すことができる。

まだ決断するには時期尚早で、もっと多くの情報を手に入れたいとき、このレベルがとても役に立つ。情報が集まれば、あなたは迅速に決断を下すことができるだろう。

委任レベル3

レベル3からは、あなたが委任した相手も問題解決プロセスに関与しはじめるのだが、最終決断を下すのはあなた自身だ。このレベルでは次のような言葉を使う。「これとこれを君にやってもらう。このトピックについて調査して選択肢を洗い出してから、何が最善か、考えをまとめてくれ。すべての選択肢の長所と短所に加えて、何をすべきか、君の考えも聞かせてほしい。君の決断に納得できれば、その線で行動を起こす権限を君に与えよう」。この言葉には次のような側面がある。

- 「これとこれを君にやってもらう」　わかりやすく説明すること。ここはほかのレベルと同じ。
- 「このトピックについて調査して選択肢を洗い出してから、何が最善か、考えをまとめてくれ」　レベル2と同じで、相手にやってもらいたい調査の種類と程度をはっきりと伝える。しかしここではもう一歩踏み込んで、相手に選択肢の評価をしてもらい、最適解を見つけてもらう。相手に決断はさせるが、それを実行する権限までは与えない。
- 「すべての選択肢の長所と短所に加えて、何をすべきか、君の考えも聞かせてほしい」　つまり、成果を見せろと言う。言い換えれば、あなたは委任相手に対して、君がその決断にいたった経緯を説明しろと求めるのだ。結果、相手はあなたに思考過程を明かすことなしにあなたの同意を得ることはありえないと理解できる。
- 「君の決断に納得できれば、その線で行動を起こす権限を君に与えよう」　決断が正しいことをあなたに納得させるのは相手の仕事だ。それができなければ、彼らの調査と主張は誤りだったということ。しかし、彼らが納得できる成果を示したのなら、あなたは最終的に承認を与え、仕事を進める権限を譲ることができるし、そうすべきだろう。

この委任レベルは、あなたの下で働く、将来管理者になるであろう人物に向いていると言える。なぜなら、この方法を通じて、あなたは彼らの意志決定スキルをリスクなしで安全に評価する機会を得られるからだ。気づいていると思うが、このレベルからあなたは決断も相手に委ねることになる。このレベルでは、あなたは複雑な問題における決断を、多くの情報にもとづき、一回の会議で下すことができるだろう。これまでまるまる一週間かかっていた仕事を、一時間で終えることもできるのだ。

委任レベル4

レベル4では、選択肢を評価させ、自分で決断させたうえで、事後に成果報告をさせる。「これとこれを君にやってもらう。最善の決断を下してくれ。そして行動を起こし、何をやったか報告すること」。ときには「進捗状況を逐一知らせてくれ」と付け加えるのもいいかもしれない。いわば、あなたは自分のクローンをつくろうとしているのだ。このレベルから、話はとてもおもしろくなる。ここでは次の側面が含まれる。

- 「これとこれを君にやってもらう」　この点はレベル3までと同じ。
- 「最善の決断を下してくれ」　委任相手に意志決定をするよう指示する。もちろん、彼らは決断にいたるまでの仕事も自分でしなければならない。要するに、彼らはレベル3までと同じように調査するのであるが、その目的はあなたではなく、自分で意志決定するのに必要な情報を集めることにある。
- 「そして行動を起こし」　あなたの判断を仰ぐことなしに、自分で行動を起こしてよいと、はっきりと伝える。ここで初めて、あなたは舵を手渡すことになる。したがって、あなたの代わりとなる本当に信頼の置ける人物を選ぶこと。

- 「何をやったか報告すること」　ここは相手の決断に異を唱える機会ではないことを肝に銘じておくこと。決断は下された。もう後戻りはできない。このステップの目的は、単純にコミュニケーションを維持して、情報を共有しつづけること。また、あなたは彼らの意志決定の才能を知ることができるので、のちに別件で委任するときの判断基準にもなる。
- 「進捗状況を逐一知らせてくれ」　この部分はあってもなくてもかまわないが、構成要素の多いプロジェクトや、完了するまでかなりの時間がかかる案件でおもに役立つ。週に一回メールで報告させる、会議の議題に加えるなど、情報の更新の方法をあらかじめ指定しておくのもよい。

このレベルはリーダーとして頭角を現してきた者への委任に適している。彼らは意志決定の経験を積むことができるし、あなたは彼らの力量を見定めることができる。また、この委任レベルは事業にとってさほど重要ではないタスクや、結果にはあまり強くこだわる必要のない仕事にも向いている。例えば、顧客へのクリスマスプレゼント選びを部下に任せるときなどだ。

委任レベル5

このレベルでは、プロジェクトやタスクをそっくりそのまま誰かの手に委ね、決断権も譲り渡す。そしてこう言うのだ。「これとこれを君にやってもらう。最善だと思う決断を下してくれ。

何をしたか、私に報告する必要はない」。要するに、あなたは自分のクローンをつくったのだ。委任することの本当の利点を得ることができるのは、このレベルだと言える。最終レベルとなるレベル5は次の要素で構成されている。

- 「これとこれを君にやってもらう」　これまでと同じ。
- 「最善だと思う決断を下してくれ」　レベル4と同じで、委任相手に調査し、各選択肢の長所と短所を評価して最善の候補を見定めたうえで、決断も下すよう明言する。
- 「何をしたか、私に報告する必要はない」　この点がレベル4とレベル5の違いだ。あなたはこの言葉を通じて、相手をあなたのもとに戻る義務から解放した。つまり、あなたはその仕事から公式に手を引いたことになる

レベル5の委任は魔法のような効果を発揮する。委任相手に絶対の信頼が置ける場合、あるいは誰かがやらなければならないが、その方法にはこだわらない仕事に最適なレベルだ。例として、マーケティング主任に新製品の発売に際して行うマーケティングの予算を決めさせる、あるいは設備担当に会社の休憩室の家具を交換するよう依頼する場合などを挙げることができるだろう。

五つのレベルの委任を使いこなすことで、あなたが自分の仕事量を調節し、ストレスを減ら

すことができるだけでなく、チームメンバーはあなたから与えられる仕事をこなすことで自らの能力を高める機会を数多く得ることができる。すべての人が得をする関係だ。したがって、チーム全体を五つのレベルに分け、彼らに今後あなたがどのような形で委任を行うか、今のうちに説明しておくのがいいだろう。メンバーに全体像を見せるのだ。また委任レベルという考え方と単語を会社の常用語として導入するのもいいかもしれない。そうすることで、何かを任されたとき、誰もが自分にどれだけの責任がのしかかるのか理解し、安全にそして確実に働くことができる。

時間を買い戻す

本章の締めくくりとして、最後にアドバイスを一つ。すでに述べたように、自分でやるほうが早いから、簡単だから、という理由で仕事を手放そうとしない人が多い。その考えは正しい。タスク一つだけをとってみれば、人にやり方を教えてから委任の過程やレベルを経由するよりも、自分でそそくさとやってしまうほうが簡単だ。しかしここで重要なのは、ほとんどのタスクは一回限りではないという点だ。タスクの多くは何度もやらなければならないので、そのたびにリーダーはより重要な仕事をする時間とエネルギーが奪われてしまう。その一方で、委任は初めこそ時間がかかるが、二回目以降は大いに時間の節約になるのである。

それだけではない。おそらく成果も高まるはずだ。あなたにさまざまなタスクをこなす能力があるからといって、そのすべてで人よりも優れているとは限らない。私のクライアントであるマットは「委任して、人々に実権を与えることで、彼らは仕事を次のレベルに引き上げてくれる」と表現した。「私よりも、彼らのほうが少し上手にやることができます。つまり、私がその仕事をやらなくなっただけでなく、製品もよりよくなったし、顧客も優れた成果を得られるようになったのです」

結果、マットの事業は活況を呈している。ケイレブもそう。理想ゾーンの外にあるタスクを、少しだけ手間をかけて他人に任せることで、業績を劇的に上げることに成功した。「私の場合、理想ゾーンの活動は顧客に、そして彼らのビジネスに多大な影響を与える方法に重点を置いています」と彼は言う。「それはどれも、リストにチェックマークを付けるような仕事ではありません。創造性を発揮するために、余力と余裕が絶対に必要です」。委任を通じて、ケイレブは既存の顧客をより満足させることができるようになっただけでなく、回復する時間を確保しながら新たな活動も行えるようになった。

時間には限りがあるが、時間を買い戻すことはできるのである。さらに言うと、委任する方法と理由を理解しなければ、あなたは本当に大切なこと――最優先課題、主要な人間関係、最も大切な計画――にフォーカスする自由を手に入れることは決してできないだろう。

本書の最初のステップで、あなたは〝ストップ〟し、自分にとってどのような人生が理想的かを考える方法を学んだ。第二のステップでは、理想ゾーンの外にあるあらゆるタスクを〝カット〟つまり削除、自動化、あるいは委任する方法を見てきた。次は、いよいよそれらすべてを行動に変える番だ。第三のステップ〝アクト〟で、あなたは新たな生産性マシンのスイッチを押し、背景でずっと働かせつづける方法を学ぶ。あなたは自由を手に入れ、より少ない仕事でより多くを成し遂げることができるようになるだろう。さあ、エクササイズをさっさと済ませて、楽しい最後のステップへ進もう。

プロジェクト・ビジョン・キャスター

これまで何度も使ってきたワークシート「Task Filter（タスクフィルター）」を完成させるときが来た。まだ手元にないのなら、FreeToFocus.com/toolsからダウンロードすること。これまで、あなたはリストをつくり、日々のタスクを分類し、排除あるいは自動化できる項目にはマークを付けた。今回の課題は、委任できる項目を見つけることだ。残っているタスクのすべてを人に委ねる気にはなれないだろうから、まずは自分がどこへ進みたいのか想像することから始めよう。私たちの多くにとって、委任は簡単でもないし、不自然なことにも感じられるだろう。しかし、委任に対するネガティブな考え、特に本章の冒頭で紹介したような反対意見に耳を傾ける必要はない。

次に、今すぐに委任を始めるプロジェクトやタスクを少なくとも一つ選ぶ。そのための手助けとして、FreeToFocus.com/toolsから「Project Vision Caster（プロジェクト・ビジョン・キャスター）」をダウンロードする。このワークシートを使うことで、あるプロジェクトやタスクに対するあなたのビジョンを紙の文書に翻訳できるので、チームはあなたの考えを正しく理解し、巧みに実行できるようになるだろう。「プロジェクト・ビジョン・キャスター」を使ってチームメンバーに責任を負うことの心準備をさせ、適切な委任レベルを慎重に選び、実際に仕事を任せてみよう。委任することに抵抗を感じても心配はいらない。このプロセスを、あなたとチームの両方の学習機会とみなせばいい。

ステップ３　アクト

STEP 3 ACT

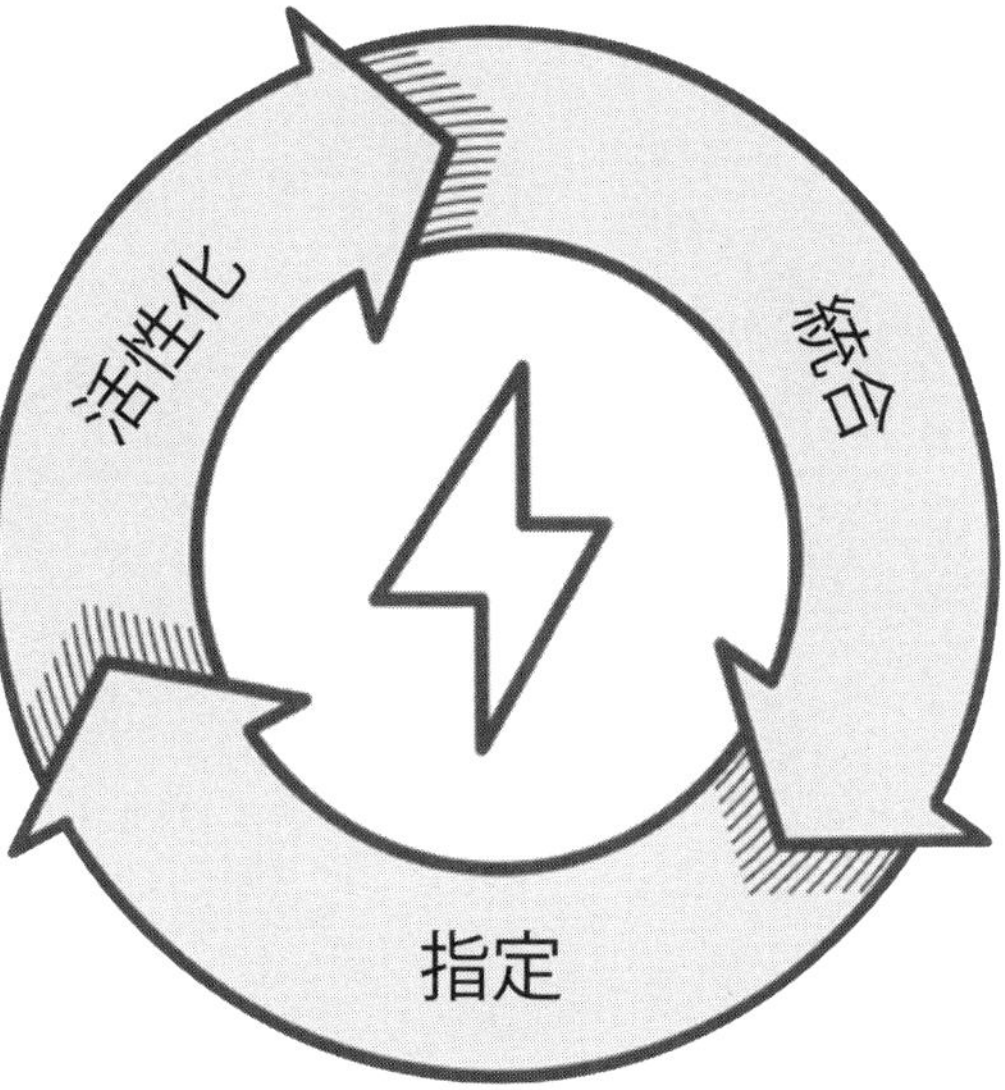

第7章　統合　理想の一週間を思い描く

CONSOLIDATE: Plan Your Ideal Week

スケジュールは混乱と気まぐれを防ぐ。一日を捕獲する網だ。

アニー・ディラード

注意を向ける必要があるいくつかのタスクが並行して存在する場合、私たちはそれらに同時に対処しようとすることがある。私たちは複数のことを同時に行う能力、いわゆるマルチタスク能力に自信をもっているからだ。しかし問題は、人間の脳は実際にはマルチタスクを行わないのである。ジャーナリストのジョン・ナッシュによると、人はマルチタスクをするのではなく、「下手くそなアマチュア皿回しのように、タスクのあいだをしきりに行ったり来たりする」のだそうだ。[1]

そのような思考の切り替えには多大な犠牲がともなう。ジョージタウン大学のコンピュータ学者のカル・ニューポートによると、タスクのあいだを飛び回っても、「あなたの注意はすぐにはついてこない――注意の残りがさっきまでのタスクのことを考えつづける」[2]。そのような〝注意残余〟が私たちの精神を混乱に陥れる。カリフォルニア大学アーバイン校の研究によると、労働者はメールや電話の着信などの邪魔が入ると、タスクを再開するまでに平均して二五分の時間が必要になるそうだ[3]。フォーカスが途切れるので、タスクの切り替えによって私たちの処理能力も減速する。一つのタスクに集中しているとき、人はそのタスクの完了に何が重要かをふるい分ける。しかし複数のタスクを行うと、何が重要で何が重要でないかを見抜く能力が低下する。無駄な情報処理に時間を奪われ、結果として忙しさだけが増して成果が下がる。まさに悪循環だ。

私たちは誰もが対処戦略を考える。しかし、一日に何度も集中が中断され、そのたびに注意残余や重要でない活動の影響にさらされていれば、悪影響が積み重なっていく。そんなとき、めまぐるしい一日を終えたのに、その日に何を成し遂げたのかよくわからない気持ちになる。忙しくはしているけれど、本当に大切なことへの接点を失っているのである。

解決策は、一度に一つのことだけに集中できるように、仕事を設計し直すこと。この考え方自体は新しいものではない。スマートフォン、メール、インスタントメッセージが登場する何世紀も前に、チェスターフィールド卿が息子にマルチタスクの危険性を警告している。「一度に一つのことだけを実行していけば、一日にはすべてをやるのにじゅうぶんな時間がある」としたうえで、こう付け加えた。「しかし、同時に二つのことをしていては、一年でも時間が足りない」。[4] 本章では、チェスターフィールドの教訓を活かして、一度に一つのことだけに注意を向けつづけるために、活動を統合する方法を学ぶ。そのために、「メガバッチング」と「アイデアルウィーク」について論じよう。

メガバッチングの力

バッチング（バッチ処理）という言葉を聞いたことがある人は少なくないだろう。同じようなタスクをひとまとめにして、それだけのために一定の時間を設け、一気にすべてを片づけようとすることを意味している。例えば、毎日朝と午後に決まった時間を設け、メールとスラックとほかのソーシャルメディアの受信トレイをすべて空にする（第四章で説明したように、私はこの活動を仕事始めと仕事終わりの儀式として行うことにしている）。あるいは、一週間分の報告書や企画書をまとめて読むための時間をつくるのもいいかもしれない。バッチングは、私の知る限り、数多くのタスクをこなしながらも集中を保つ最善の方法の一つに数えられる。しかし、バッチング大好き人間でさえ、このテクニックの利点のすべてを活用しているとは言いがたい。

数年前、私はバッチングをかなりの規模に拡大する試みを始めた。これを私は「メガバッチング（一括バッチ処理）」と呼んでいる。まず手を付けたのは、ポッドキャストの録音だった。私は毎週、新しい話題について調査し、録音することにしていた。しかし、やる気を出すのに苦労することも多かった。調子のいいときは一時間か二時間で済むのに、まる一日かかることもあった。そこで、私とチームは事前に準備をしたうえで、二日ほど時間をかけてシーズン全体にカバーする数のポッドキャスト・ショーをまとめて録音することに決めたのだった。そうすることで、私は毎週の重荷から解放され、時間と資金を大いに節約できたのである。[5]

私は同じ仕組みをミーティングにも応用した。通常、管理者のスケジュール帳は数多くのミーティングで混乱している。彼らは要求を受け入れるかどうかを決める際に包括的な戦略を用いていない。そのため、日々をどう使うか、他人に決められてしまっているのである。しかし私は、他人が好き勝手に私のスケジュールを決めるのが気に入らなかった。私のフォーカスと生産性に気を遣う人物は私自身だけ、という事実に気づいた私は、スケジュールに関するルールをいくつか設けることにした。その結果、今ではごくわずかな例外を除いて、すべてのミーティングを週二日にまとめて行うようになった。チームメンバーとの内部ミーティングは月曜日、外部のクライアントやベンダーとのミーティングは金曜日だ。おかげで週の真ん中の三日はしっかり集中して自分の仕事に励むことができる。会議に出るために仕事の手を止める必要がなくなった。

メガバッチングのおかげで、私は一つの仕事や活動に長い時間集中できる。気が散る理由が減ったので多くの仕事をより早く、より高い質でこなせている。この時間のあいだ、私は〝そのとき〟最も大切な物事に本当に心からフォーカスできる。いくつかの行動をひとまとめにして一時間で片づけよう、などという次元の話ではない。集中してバリバリ仕事ができる環境をつくるために、丸一日をあるいは数日を同じような活動で埋めてしまおうと言っているのである。

カル・ニューポートは、人が最善の形で思考を行うにはまとまった時間集中できる環境が必要だと説く。これがいわゆる〝ディープワーク〟という考え方だ。これにより、人はある仕事に没頭し、長くやりつづける時間を得る。もし、気が散る要素をすべて排除し、誰にも邪魔されずに三時間、五時間、あるいは数時間も、一種類の活動だけにフォーカスする自由を手に入れることができたら、あなたの生活はどう変わるだろうか？　メガバッチングがそれを可能にしてくれる。メガバッチングを駆使すれば、あなたは頭を切り替えたりすることもないまま、ずっと最高の仕事をやりつづけられるのである。あなたは想像もできなかったほど質の高い仕事を、より迅速に、より楽しくできるようになるだろう。

FREE TO FOCUS

あなたは想像も
できなかったほど質の高い
仕事を、より迅速に、より楽しく
できるようになる。

You can do your work better,
faster, and more enjoyably than you
ever imagined.

通常、そのような仕事は一人で行われるため、ベースキャンプ社のジェイソン・フリードとデビッド・ハイネマイアーはその時間を「アローンゾーン」と呼んでいる。[6] 最近では数多くの業界でこの考え方が広がりつつあるようだ。例えば、インテル社の経営陣は社内プログラムとして、従業員にかなりの時間を「シンクタイム《考える時間》」として使うことを認めた。ウォール・ストリート・ジャーナル紙の記者レイチェル・エマ・シルバーマンによると、シンクタイムのあいだ「従業員は、緊急あるいは共同プロジェクトに関与している例外を除いて、メールに返信する必要もミーティングに参加する義務もない」そうだ。加えて、シルバーマンはこう記している。「これまでに少なくとも、この時間を利用して一人の従業員が特許出願技術を開発した。また、ほかの人々は慌ただしい通常勤務日にはできない仕事をこなせるようになった」[7]。重要な仕事──それが緊急でないとしても──に取り組むために外部を遮断することを従業員に認めることを通じて、インテルやほかの会社は生産性と創造性の向上、あるいは新製品のアイデアなど、多くの利点を得ているのである。

とはいえ、共同作業もまた、適度に集中して行われる場合は、大きな利益をもたらすという事実も指摘しておくべきだろう。共同メガバッチングの時間を設けることで、チームはじゅうぶんな時間を課題に取り組み、光明を見いだし、望んだ成果を出すことができるはずだ。一人でも、チームといっしょでも、大切なことに集中すれば奇跡が起こる。

私は、活動を三つのおおまかなカテゴリーに分けて時間を割くのが便利だと感じている。フロントステージ《表舞台》、バックステージ《舞台裏》、オフステージ《舞台外》の三つだ。このたとえはシェークスピアの

『お気に召すまま』から来ている。[8]

世界は一つの舞台であって、
すべての男女は役者に過ぎない。
登場してはまた去って行く。
そして一人が生涯を通じてさまざまな役を演じる

世界は舞台に過ぎない。私たちが、人生という名の物語を演じる舞台だ。私たちは役者であって、それぞれ異なる登場と退場のしかたがある。誰もが異なる役を演じ、油断していると一日のうちに一〇以上の役割を演じ分けるはめに陥る。それでは、三つのカテゴリーの特徴を順番に見ていこう。

フロントステージ

ステージという言葉から真っ先に連想するのが、おそらくこの「フロントステージ」だろう。人が動き、物語が展開するのがフロントステージだ。少なくとも、観衆の目にはそう映る。役者の仕事は演じること。そして役者は誰からも見えるようにステージ上で役割を演じる。言い換えれば、あなたがそもそも雇われた理由であり、報酬の源になっているタスクがフロントステージの活動なのである。要するに、あなたの主要機能、中心業績、あるいは業績報告に記される項目などだ。例えば、あなたが営業部門に属しているなら、フロントステージの活動は電話勧誘、クライアントの需要評価、プレゼン会合などになるだろう。弁護士なら、クライアントの相談、出廷、契約交渉など。会社の幹部の場合は、マーケティング計画の発表、高度な会議の主導、新製品や新サービスの方向性の提案などが含まれるだろう。

その仕事の成果に対してボスや顧客があなたに報酬を支払う――それがフロントステージの仕事だ。必ずしも公の場で行われる必要はないが、フロントステージの仕事を通じて、あなたは仕事に関連する使命を果たすことができる。しかしそれが可能なのは、あなたのフロントステージの活動が理想ゾーンの仕事と大部分で一致しているときだけだ。あなたの仕事の中心部分が、あなたが最も熱意と実力をもって取り組める分野と重なり合っていなければならない。

今のあなたのスケジュールはとても混乱していて、フロントステージの活動を数日はおろか、丸一日、あるいは数時間でさえ、連続してやりつづける自分の姿を想像するのは難しいかもしれない。今はそれでもかまわない。本書を通じて学んだことを実践するのにはある程度の時間がかかるのだから。しかしそれを、正しい方向へ向かうのを諦める言い訳にしてはならない。あなたの「自由のコンパス」が進む道を指し示してくれる。ゴールがまだはっきりと見えていないとしても、新しい目的地へ向かって歩きつづけるだけだ。前に進めないと感じたときにどうすればいいか、本章の後半でいくつかの方法を紹介する。

バックステージ

私たちは基本的に舞台の上に立つ役者の姿しか見ないが、役者が仕事をしているのは表舞台だけではない。バックステージでも仕事をしているからこそ、役者は舞台に上がって輝くことができるのである。観衆は演技だけを観る。彼らは最初のオーディションも、何時間も続くリハーサルも、セリフを覚えるのに費やした時間も、舞台上でミスしないために行っている儀式も目にしない。ほとんどの場合、バックステージにはステップ2の活動（おもに削除と自動化と委任）、ならびに協調、準備、保守、発展が含まれる。この点を少し詳しく見ていこう。

私たちはすでに、削除と自動化と委任が重要であることを知っている。では、どのタイミングでそれをすればいいのだろうか？　リストやスケジュールから間引きしたり、テンプレートやプロセスを設定したり、タスクやプロジェクトを委任するのには時間がかかる。通常、それらは重要ではあるが、緊急ではない（その違いについては第八章を参照）。そのため、気づいたときには数週間、数カ月、あるいは永遠に先送りしてしまいかねない。しかしすでに見たように、それらの活動に時間を費やすことで、長期的に見て数え切れないほど多くの時間を節約できるのだ。そこに費やす時間を確保するためにいちばんいい方法は、それらの活動をバックステージ時間にする活動としてメガバッチングすることだ。削除と自動化と委任をするための時間をスケジュールに組み込むことで、これらの活動を余った時間のどこかに詰め込もうとするよりもはるかに多くを達成できる。

次に、バックステージの仕事には何らかの「協調」も含まれる。これはチームや代表団と将来のプロジェクトやタスクの計画について話し合う単純なミーティングの場合もあるだろう。世間にビジョンを表明する機会など、なかにはフロントステージに属するミーティングもあるだろうが、すべてのミーティングがそうだというわけではない。最重要プロジェクトの実行には数週間、数カ月、あるいはいくつもの四半期が費やされる。一度プロジェクトが動き出すと、多くの場合で例えば定期的な進捗状況の確認や、責任、共有、共同作業などに関するミーティングが必要になる。したがって、バックステージでの協調が求められるのである。

フロントステージの仕事を「準備」するためにも、バックステージの時間が用いられる。弁護士の場合、判例の熟読や冒頭陳述の練習が準備に含まれるかもしれない。商業デザイナーの場合は、人気の色の傾向について調べたり、新しいロゴを作成するために文字デザインを検討したりするのがそうだろう。会社幹部なら、重要会議の議題を決めたり、財務評価を行う前に損益計算書を眺めたりすることが準備段階に含まれる。どれも、フロントステージですばらしい演技を見せるために必要な下準備だ。

もう一つのバックステージ仕事として「保守《メンテナンス》」を挙げることができる。壊れたシステム、あふれかえった受信トレイ、時代遅れのプロセス、散らかった空間などは生産性に大きな打撃を与える。「保守」にはＥメールの管理にはじまり、経理、支出追跡、ファイルの分類、ツールやシステムの更新、さらにはオフィスの清掃まで、ありとあらゆる事柄が含まれる。バックステージが散らかっていたら、フロントステージでの努力が台無しになる。保守をしていれば、出番が来たときに最高のパフォーマンスを見せることができる。

最後に、バックステージの仕事には個人あるいはチームの「発展」が含まれる。つまり、業績を効率的に向上するために新しいスキルを身につけることだ。起業家の場合、ワークショップに参加してスピーチのスキルを向上させたり、ウェブセミナー参加者用に新しい登録システムを開発したりすることがここに含まれるだろう。管理職に就く者はスキルを磨いたりライセンスを更新したりするために講習会に参加するのが発展につながる。自分の分野に関する出版物を読むこと、会議への参加、新しい生産方法を身につけるために費やす時間なども、発展に含まれる。発展とはそもそも自分をよりよくすることなのだから、結果として、フロントステージでのパフォーマンスも向上する。

しかしながら、バックステージで時間を費やす際に忘れてはならないのは、そこでの活動はフロントステージでのパフォーマンスのために必要なのだと意識することである。また、バックステージは根気ゾーンや無関心ゾーン、あるいは快適ゾーンとは別物であることも忘れないでおこう。削除、自動化、委任のためにわざわざ時間をとったのだから、削除、自動化、委任されるべき仕事をするためにバックステージの時間を使ってはならない。バックステージの活動は、フロントステージの仕事に比べれば報酬も刺激も少ないだろう（だからこそ、それらを処理する時間をあえて設けるのだ）。しかし、あなたを悩ませるような活動であってはならない。繰り返すが、バックステージがあるからフロントステージに立てるのである。その両ステージで行われるタスクのすべてが、あなたの熱意と実力を可能な限り反映したものでなければならない。職業ごとに想定できるフロントステージとバックステージの仕事を表にまとめたので、参考にしてもらいたい。

オフステージ

オフステージについては難しい説明は必要ない。オフステージとは仕事をしていない時間のこと。舞台を離れて、家族や友人と過ごす、あるいはリラクゼーションや回復に費やす時間のことだ。オフステージ時間は、ステージに戻ってきたときにうまく動けるようにエネルギーを回復するために欠かせない。どんな手を使ってでも、オフステージの時間を確保すること。

役者は舞台に生きているのではない。そこで働いているだけだ。あなたも仕事に生きるべきではない。仕事はとても大切で価値のあるものではあるが、それでもあくまで人生の一部でしかない。仕事が人生のすべてではないのだ。ステージ上で過ごす時間と、ステージの外で過ごす充実した時間のバランスをうまくとることを心がけよう。オフステージの時間の使い方については、次章で詳しく述べることにする。

理想の一週間

さて、活動をフロントステージとバックステージとオフステージの三種類に分けたところで、次はいよいよメガバッチングの力を解き放つ番だ。そのときに必要なのが「アイデアルウィーク（理想の一週間）」というツールだ。このツールを使えば、自分の思うままに時間の使い方

フロントステージとバックステージの仕事（例）

職業	フロントステージ	バックステージ
商業デザイナー	広告デザイン、画像編集	請求書作成、会議
マーケティング幹部	顧客獲得、キャンペーン立案	予算管理、広告配置
弁護士	依頼人との会合、調停	調査、申立て
セールス	セールス電話、プレゼンテーション	経費報告書作成
文筆家	原稿、推敲	Ｅメール、調査
役員補佐	タスク実行、スケジュール管理	メール用テンプレートやワークフローの作成
コーチ、コンサルタント	クライアントの支援、コンテンツ開発	請求書作成、ウェブサイトの更新
写真家	写真撮影、色補正	請求書作成、機材保守
オーナー、ＣＥＯ	方向性の提示、チームづくり	メール、スラック、ミーティング
牧師	説教、指導	説話の準備、理事会
会計士	クライアントとの打ち合わせ、税申告	請求書作成、税制変更点の調査
個人トレーナー	トレーニング、コーチング	調査、宣伝
財務顧問	クライアントとの相談、クライアントのための報告書作成	メール、サービスの宣伝
店舗管理者	チームミーティング、個人面談、雇用	財務諸表・報告書
講演家	講演、ユーチューブ	メッセージの準備、人脈づくり
起業家	新製品の開発、クライアントの確保	プロセスの制定、ウェブサイトの維持
ヘッドハンター	人材発掘、面接、人脈づくり	テンプレートの作成、連絡先の整理
ＩＴ専門家	トラブルシューティング、修理、インストール	調査、フォローアップ、報告書
不動産業者	住宅展示、人脈づくり	事務、書類作成、通信

を計画できるようになる。かつて、ドワイト・アイゼンハワーは「計画自体には価値はないが、計画することには無上の価値がある」と語ったそうだ[9]。仕事をする日々は戦場に比べればはるかに安全だが、それでもあなたの生産性を妨害しようとする要素は数多く存在する。計画そのものは最初の敵との交戦を生き残れないかもしれない。しかし、計画を立てるという経験をしていれば、あなたは回復し、前に進むことができるだろう。何に向かって進むべきか、あなたにはわかっているはずだ。

アイデアルウィークの背後には、人生には二つの選択肢があるという前提が潜んでいる。自分で立てた計画に沿って目的をもって生きるか、それとも他人に振り回されながら偶然に身を任せて生きるか、という選択肢だ。前者は前向きで能動的、後者は受動的で反応的だと言えるだろう。もちろん、ありとあらゆるすべてを計画することなどできない。予想もできなかった事態が生じることもある。しかし、将来に目を向け、目的意識をもって考える癖を身につけると、最も大切なものを成し遂げるのがとても容易になるのも事実だ。そのためにアイデアルウィークが考案されたのである。アイデアルウィークは予算計画に似ているが、違いは〝資金〟ではなく〝時間〟の使い方を考えることにある。まずは紙に書くことも、予算計画と同じだ[10]。

アイデアルウィークの仕組みは次のようになっている。週のどの日にも何も記入されていないカレンダーを想像してみよう。ほとんどのカレンダーアプリで、週の七日が横並びに表示されるいわゆる〝週表示〟機能があるはずだ。最も純粋な形の一週間は完全な白紙の状態。そして、あなたも、ほかの人も、誰もが同じ量の時間を有している。さて、あなたはその時間をどう使いたい？

以下に、例として私のアイデアルウィークを記した。あなた自身のアイデアルウィークを作成するために、FreeToFocus.com/toolsからテンプレート「Ideal Week（アイデアルウィーク）」をダウンロードしよう。また、私の監修する手帳『フル・フォーカス・プラナー（Full Focus Planner）』にも「アイデアルウィーク」のテンプレートを収録している。もちろん、あなたがふだん使っているカレンダーアプリを開いてまっさらな週をつくることから始めてもいいし、紙に手書きをしてもかまわない。この時点で完璧なものをつくろうなどと考える必要はない。ただし、スケジュールがすでに書き込まれているカレンダーを使うのは避けること。これからつくるのはあくまでも〝理想の〟一週間なので、ゼロからスタートするのだ。まずはステージ、次にテーマ、最後に個別の活動を検討する。この順番で進めることで、最初は真っ白だったキャンバスに、あなたにとって最適な形と定義を与えることができるだろう。

ステージ

最初のステップとして、週に行う活動をステージの観点から分類する。次に、どの曜日をフロントステージの日に、あるいはバックステージやオフステージの日にするかを決める。私の場合、月曜日と金曜日がバックステージの日で、メールやスラック・メッセージの処理、ファイルの整理、調査、新しいスキルや能力の習得、イベントの企画、チームとの協調ミーティングなどを行うことにしている。何曜日を選んでもかまわない。あなたが雇われた理由であるおもな仕事の準備をする日、縁の下の力持ち的な曜日だと考えよう。

同じように、フロントステージも何曜日でもかまわない。私の場合は火曜日と水曜日、そして木曜日だ。私はこの三日に、ワークショップやウェブセミナー、あるいは録音録画を行い、クライアントやパートナー、あるいは見込み顧客を個人的にあるいは（多くの場合）小グループで応接することにしている。会社として、私たちは木曜日にはチームミーティングをしないことにしている。その代わりに、チームメンバーがそれぞれの必要に応じて自由に使えるようにした。メンバーの多くはフロントステージの仕事に利用している。どの曜日をフロントステージの日に決めてもかまわないが、その日はあなたが雇用された理由である中心作業――ビジネスを、部門を、課を推し進める利益率の高い仕事――をやる時間だということを忘れてはならない。週に二日、それどころか一日すらフロントステージの日をとれないなら、あなたの業績は下がるだろう。

アイデアルウィークを計画するとき、回復する時間としてオフステージの日も必ず確保すること。私は土曜日と日曜日がオフステージの日だ。休息、ちょっとした娯楽、家族や友人とゆっくりと楽しく食事、教会に行き、個人的に最も大切な人間関係を育む。決して仕事をしない日。それどころか、仕事のことを考えたり、仕事の話をしたり、仕事に関係する何かを読むことすら、自分に禁じている（第三章を参照）。管理者のなかには時間の必要性がほかの人とは違っていて、平日以外に働かなければならない人もいるだろう。それでもかまわない。ただし、定期的にオフステージの日を――できれば週に二日――スケジュールに組み込むよう心がけよう。オフステージの時間は絶対に必要。だから、アイデアルウィークを考えるときには、最初にオフステージの日を決めるのがいいだろう。

テーマ

次に、特定の曜日の特定の時間帯にどのタイプの活動を行うかを考える。ただし、この段階ではまだ大ざっぱにテーマを検討するだけで、細かな活動やタスクのことを考える必要はない。ひとまず、朝、就業時間、夜に分けて考えるのが簡単だろう。私もそうしていて、朝の「自分」、日中の「仕事」、夜の「回復」の三つのテーマを設定している。時間にテーマを決めることで、自分が何をしたいのかがわかりやすくなるだけでなく、一日のさまざまな側面に適した時間を確保する役にも立つ。以下、私の一日を例として紹介する。

「自分」　私は、早朝は自分のために使うことにしている。能力の開発、運動、祈りと瞑想などだ。どれだけの時間をこのテーマにあてがうことができるかは、個人の希望と義務のバランスによって左右される。例えば子供がいるなら、子がすでに巣立っていった人よりも自分のために費やせる時間は少ないだろう。大切なのは、自分がもっている時間を意識することだ。

「仕事」　私は午前九時ごろにオフィスに到着し、午後六時に仕事を終える。昼食の一時間と午後の昼寝を考慮に入れると、週四〇時間勤務だと言える。次の章で取り上げるレッスンをすれば、四〇時間は私のおもなゴールとプロジェクトを成し遂げるにじゅうぶんな時間であることがわかるだろう。あなたは何時に仕事を始め、何時に終えるだろうか？　仕事時間を制限す

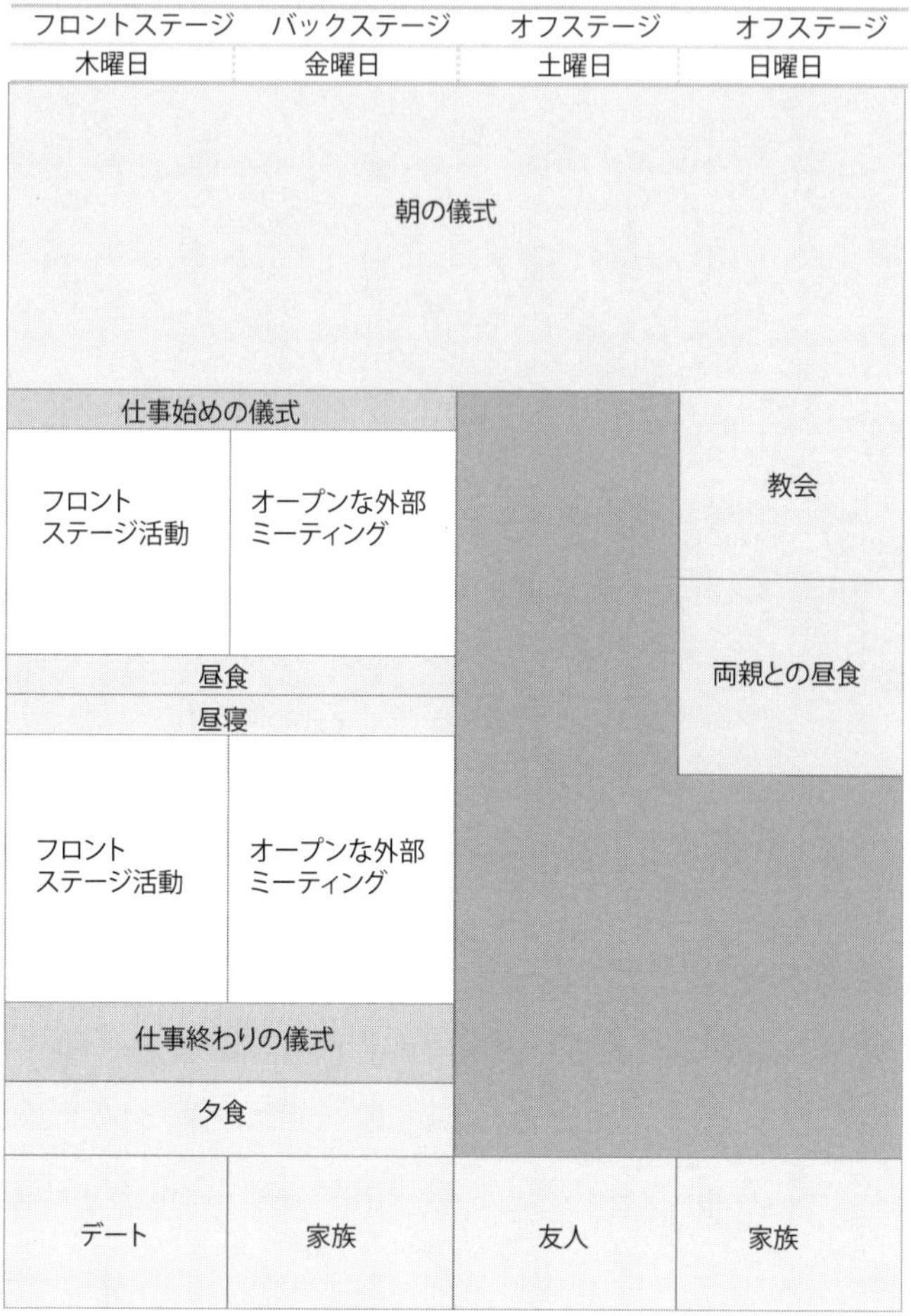
フロントステージ
バックステージ
オフステージ
オフステージ
木曜日
金曜日
土曜日
日曜日
朝の儀式
仕事始めの儀式
フロント
ステージ活動
オープンな外部
ミーティング
教会
昼食
昼寝
両親との昼食
フロント
ステージ活動
オープンな外部
ミーティング
仕事終わりの儀式
夕食
デート
家族
友人
家族

<table>
<tr><td></td><td>ステージ</td><td>バックステージ</td><td>フロントステージ</td><td>フロントステージ</td></tr>
<tr><td></td><td>時刻</td><td>月曜日</td><td>火曜日</td><td>水曜日</td></tr>
<tr><td rowspan="3">テーマ</td><td>5:00-5:30</td><td rowspan="8" colspan="3">朝の儀式</td></tr>
<tr><td>5:30-6:00</td></tr>
<tr><td>6:00-6:30</td></tr>
<tr><td rowspan="5">自分</td><td>6:30-7:00</td></tr>
<tr><td>7:00-7:30</td></tr>
<tr><td>7:30-8:00</td></tr>
<tr><td>8:00-8:30</td></tr>
<tr><td>8:30-9:00</td></tr>
<tr><td rowspan="18">仕事</td><td>9:00-9:30</td><td colspan="3">仕事始めの儀式</td></tr>
<tr><td>9:30-10:00</td><td rowspan="3">オープンな内部ミーティング</td><td rowspan="6" colspan="2">フロントステージ活動</td></tr>
<tr><td>10:00-10:30</td></tr>
<tr><td>10:30-11:00</td></tr>
<tr><td>11:00-11:30</td><td rowspan="2">サポートチーム・ミーティング</td></tr>
<tr><td>11:30-12:00</td></tr>
<tr><td>12:00-12:30</td><td rowspan="4">ＣＯＯとのランチ会合</td></tr>
<tr><td>12:30-1:00</td><td colspan="2">昼食</td></tr>
<tr><td>1:00-1:30</td><td colspan="2">昼寝</td></tr>
<tr><td>1:30-2:00</td><td rowspan="7" colspan="2">フロントステージ活動</td></tr>
<tr><td>2:00-2:30</td><td>昼寝</td></tr>
<tr><td>2:30-3:00</td><td rowspan="5">オープンな内部ミーティング</td></tr>
<tr><td>3:00-3:30</td></tr>
<tr><td>3:30-4:00</td></tr>
<tr><td>4:00-4:30</td></tr>
<tr><td>4:30-5:00</td></tr>
<tr><td>5:00-5:30</td><td rowspan="2" colspan="3">仕事終わりの儀式</td></tr>
<tr><td>5:30-6:00</td></tr>
<tr><td rowspan="6">回復</td><td>6:00-6:30</td><td rowspan="2" colspan="3">夕食</td></tr>
<tr><td>6:30-7:00</td></tr>
<tr><td>7:00-7:30</td><td rowspan="4" colspan="3"></td></tr>
<tr><td>7:30-8:00</td></tr>
<tr><td>8:00-8:30</td></tr>
<tr><td>8:30-9:00</td></tr>
</table>

これが現在の私のアイデアルウィークだ。これを参考に、自分のアイデアルウィークを作成してみよう。FreeToFocus.com/toolsで、ほかの例と手軽に利用できる空のシートがダウンロードできる。

ることは、生産性の向上にとってとても大切なことだ。「パーキンソンの法則」という言葉を聞いたことがないだろうか。仕事はそのために与えられた時間を満たすまで拡大する、という現象を指す言葉だ。したがって、私たちは仕事に与える時間を制限しなければならない。それをしなければ、仕事は早朝や夜遅くにまで膨張をしつづけるだろう。気づいたときには、朝食もとらずに仕事を始め、夜の七時半になってもいまだにデスクでテイクアウトを食べる生活に陥っていたりする。そして、過労に関する調査で明らかになったように、仕事をする時間を延ばしたところで、見返りはないのである。

「回復」　私は一日の最後の数時間を「回復」のためにとってある。家族や友人と、あるいは趣味を楽しみながら過ごす時間だ。リフレッシュする時間を設けなければ、それ以外の時間を最大限に活かすこともできない。

「自分」、「仕事」、「回復」などではなく、自分の好きな名前を使ってもかまわないし、もっとたくさんのテーマを決めてもいい。ポイントは、あなたの一日にすっきりとした形――明確な始まりと終わり――を授けることだ。目的は、自分に何を期待していいのか、自分でよく知ること。テーマを通じて一日を形づくることで、あなたは目の前のことに集中できるようになる。あなたを必要としている誰かあるいは何かに関心を向けることができる。仕事や娯楽のための時間が設定されている安心感があるため、それ以外の時間には自発的に行動できる。あるいはとても有意義に、何もしないという選択をすることも。意図的な休息とリラクゼーションは、パフォーマンスを高める鍵だ。

活動

ステージとテーマを決めたら、次は個別の活動をテーマに合わせてグループ化する。すでに述べたように、私の場合は月曜日と金曜日がバックステージの日なので、さまざまなミーティングでめじろ押しになる。週をミーティングで締めくくることで、私は週の真ん中の三日をフロントステージの活動に費やせるようになった。

あなたの場合は、バックステージの活動にもっとさまざまな種類が含まれるので、二日では足りないかもしれない。しかし、クライアントを観察した際に気づいたのだが、正確な時間や種類の多さはあまり重要ではないと言える。重要なのは、仕事を可能な限りまとめる、つまりバッチングすることだ。報告書の処理、電話、プレゼン資料の作成など、実際の中身は何であれ、同じようなタスクをバッチングすることで、あなたはあちこちへ気を散らすのではなくて、複数のタスクをまとまりとして処理しながら、どんどん勢いをつけていくことができる。ミーティングから電話へ、次はメールを書いて、すぐまたミーティングなどといちいち頭を切り替えてリスタートさせていては、仕事がはかどるはずがない。バックステージの日に、ミーティングのために空けておく時間、電話を返す時間などを指定するのがいいだろう。

私の場合、フロントステージの日（火・水・木）に実際にどんな活動をするかは、そのときにどんなプロジェクトが進行しているかなどの要素によってさまざまなのだが、それでもできるだけ個別の活動をグループにまとめるよう心がけている。ここで気をつけなくてはならないのは、バックステージの仕事をフロントステージの日にやらない、という点だ。これが実際には想像以上に難しい。現実的には、あなたもおそらく、毎日少しは――たとえそれがメールのチェックだけだとしても――バックステージの仕事をやらなければならなくなるだろう。ではどうすればいいのかというと、そのような活動がフロントステージの時間に流れ込むのを防げばいい。

私はフロントステージの日かバックステージの日かに関わりなく、平日には仕事始めと仕事終わりの儀式をスケジュールに組み込んでいて、儀式にはフロントステージの仕事だけでなく、メールやスラック・メッセージのチェックなどといったバックステージの活動も含めている。そのような活動を儀式と位置づけ、一日に二回か三回そのための時間を設けることで、それらがフロントステージの時間に浸食してくるのを防いでいるのだ。そうしなければ、私は一日中スラックをチェックする誘惑に苦しめられ、最も貴重な時間を数々の中断で台無しにされることだろう。毎日の仕事始めと仕事終わりの儀式はメールの処理に最適な時間で、この時間を設けることで、あなたは心を引き締めてその日の仕事に取りかかれるようになる。夕方まであなたの返信を待つ余裕がチームにないのなら、昼食前にもメールをチェックする時間を設ければいいだろう。

スケジュールを決めるとき、休憩なしでも大丈夫と考える誘惑には負けないこと。休憩がなくてもやっていけるだろうが、それが有益であることはほとんどない。『シリコンバレー式よい休息』（日経BP・二〇一七）で著者アレックス・スジョン＝キム・パンは、人間が最も生産的になれるのは一日に四時間、多くても五時間ほどだと述べている。一流の科学者、芸術家、文筆家、音楽家などの仕事習慣を綿密に調査し、いくつかの大規模な研究の成果と結びつけたうえで導き出した結論だ。もう気づいているだろうが、長い時間はパフォーマンスの低下につながる。その理由もわかっている。時間は有限で、エネルギーは流動的だからだ。私たちが集中できるのはある程度の時間だけ、それを超えればエネルギーが下がる。パンが調査した成功者たちは、散歩や気晴らし、社交や娯楽などといった休憩を挟みながら集中を高め、偉大な業績を残したのである。[11]

この事実を利用するには、自分のクロノタイプ（体内時計タイプ）を知っておいたほうがいいだろう。『Ｗｈｅｎ　完璧なタイミングを科学する』（講談社・二〇一八）のなかで著者のダニエル・ピンクは「日常生活に隠されたパターン」を強調している。私たちはエネルギーいっぱいの元気な状態で一日を始めるが、通常はおよそ七時間後にエネルギーの深い谷間に陥る。朝何時に起きるかによって異なるが、ほとんどの人にとっては昼のど真ん中に谷間時間が訪れる。それなら、集中力をあまり必要としない作業をその時間にやればいいのである。また、この谷間は休んで回復するのにも最適だ。疲れを打ち消すために昼寝するのもいいだろう。[12]

あなたにとってのアイデアルウィークの下書きが完成したら、それをチームメンバーから選んだ人物と共有する。あなたの補佐役の人が最適だろう。共有することで、彼らにもあなたがどの時間に何をしているかがわかる。また、あなたを支援する上司に渡すのもいい。加えて、アイデアルウィークには仕事のない日も含まれるので、配偶者など、親しい人物と共有することもできる。そのとき、アイデアルウィークとは何か、あなたがそれから何を期待しているか、あなたのまわりの人々がそこからどのような恩恵を受けるのか、説明するのを忘れずに。望んだ結果を得るには、彼らの賛同と協力が欠かせないのだから。

より生産的なリズム

本章の冒頭で紹介したチェスターフィールド卿は、ブレない集中力を人間の知性の尺度とみなし、「気を散らさずに一つのことにずっと関心を向ける能力は卓越した天賦の才の確実な証である」と語った[13]。私はというと、メガバッチングとアイデアルウィークを活用すればあなたは天才の仲間入りができる、とまで主張するのはさすがに気が引けるが、それでもこの二つはスタートとしては最適だと言うことができる。

数え切れないほど多くのさまざまな刺激に注意を散らばらせると、生産性も、創造性も、勢いも、満足も、損なわれてしまう。そこで求められるのは「統合」、そして統合がもたらす集中力だ。メガバッチングを行い、理想の一週間を組み立てたことで、以前なら手が届かなかった目標に到達するための時間と余裕が手に入る。ここで問われているのは天才と呼べるほど高い知性ではない。誰もが活用できる二つの能力、すなわち集中と意図だ。

アイデアルウィークは〝理想〟に過ぎないことを忘れてはならない。毎週理想どおりにことが運ぶわけではない。現実的には、理想どおりにいくことなどほとんどないだろう。人生には数多くの緊急事態や想定外の出来事がつきものだ。緊急事態が発生したとき、あなたは方向転換を迫られるだろう。しかし、アイデアルウィークがあれば道に迷うことはない。計画はすでに立てたのだから、再び正しい進路に戻れるはずだ。

しっかりと境界線を決めて、そのなかに長い時間とどまることを自分に課していると、まわりで予想外のことが起こっても、毎週のリズムを繰り返すのが驚くほど容易になっていく。その際、アイデアルウィークを的《まと》とみなすのがいいだろう。毎回的の中心を射貫くことはできないだろうが、それがどこにあるかわかっているあなたには、的に当てるのがどんどん容易になっていくに違いない。そのうち、アイデアルウィークをあなたの仕事のガイドとして用いることができるようになる。結果として、今よりもずっと〝今ここ〟に集中できて、業績も上がるはずだ。

では、あなたに的を絞るのを難しくする道のでこぼこをなくすにはどうすればいいのだろうか？　その答えは「ウィークリー・プレビュー」にある。次章で「ウィークリー・プレビュー」とは何なのか、加えて、一日をデザインする単純な方法を説明する。

アイデアルウィークの計画

本章で紹介したように、実際に理想の一週間を考えてみよう。まず、FreeToFocus.com/toolsからテンプレート「Ideal Week（アイデアルウィーク）」をダウンロードする。代わりに、『Full Focus Planner』のシートを使ってもいい。アイデアルウィークを計画する方法については本章で詳しく述べたので、読者の多くはすでに自分なりの計画を立てたことだろう。まだやっていないなら、次章に進む前に自分なりのアイデアルウィークを書き出すこと。アイデアルウィークという基礎があれば、毎週あるいは毎日のタスク計画に、かつてないほどの集中をもって取り組むことができるようになる。

第8章　指定　タスクの優先順位

DESIGNATE: Prioritize Your Tasks

あなたがあなた自身の人生を優先しないのなら、ほかの誰かがそうするだろう。

グレッグ・マキューン

アメリカの上空では、毎分五〇〇〇もの飛行機が飛び交っていて、一日にするとフライト数は四万にも上る。[1] それらを離陸してくる飛行機にぶつけることなく、安全に、正しい時間に、正しい場所へ着陸させる責任を負うのは航空管制官たちだ。想像以上に大変な仕事で、ある管制官は一度に三〇機を同時に追跡することの難しさをたとえて、「一〇人を相手に卓球をするようなものだ」と説明している。[2] いつ飛行機同士が異常接近するかもしれない。あるパイロットはNASAの航空安全報告制度を次のように批判したことがある。「我々はすでに先行機との距離がかなり近く、先行機がつくる乱気流を避けるために着陸進路よりも高く飛ばなければならないほどだったのに、彼らは我々が着陸する寸前に、滑走路にいた飛行機に離陸許可を出した」[3]

生産性を上げるには、どのタスクをいつするかを自分で〝指定〟することが大切。すべての飛行機を一度に着陸させようとすると、空中衝突が起こって生産性アップの努力が水の泡になる。

航空当局はそのような状況を「分離の喪失」と呼ぶ。離陸機と着陸機の間隔が失われるという意味だ。恐ろしい話だが、そのような状況は極めてまれで、実際に衝突することはさらにまれだ。これを私たちの忙しい日常に置き換えてみよう。そこでは飛行機の代わりにタスクが飛び交っている。私たちは一度に一二のタスクを着陸させようとして、絶えずプロジェクトの衝突やオーバーランを引き起こしている。「タスク分離の喪失」に陥った私たちは、後手に回り、過ちを犯し、時間と行動のコントロールを失ってしまう。

〝カット〟の段階でタスクリストを剪定したあとでも、あなたはいまだに山ほどのタスクや責任に直面しているかもしれない。私たちは忙しい。できることなど、いくらでも思いつくだろう。それらはなされるべき、だと、自分を納得させることさえ可能に違いない。しかし、それらは今すぐに行われなければならないことだろうか？　答えは間違いなく「ノー」だ。すべての飛行機を一度に着陸させなければならない状況などありえない。重要な仕事だからといって、今すぐ重要であるとは限らないのだ。もちろん、〝すべての〟タスクを後回しにするわけにもいかない。そこで、今まさに注意を払うに値するもの、あとで関心を向けるべきもの、そもそも注意を払うに値しないものを体系的に見極めるのがいいだろう。本章では、あなたの週と日々をデザインして、タスクを演出する方法を学ぶ。つまり、何がどこでいつ行われるかを指定する。まずは、週のデザインから始めよう。

週のデザイン――ウィークリー・プレビュー

リーダーや管理者が一週間で達成できる大仕事に恵まれる機会はほとんどない。むしろ、終わるまで数週間から数カ月もかかる複雑なプロジェクトにかかわるのが普通だ。長期間フォーカスしつづけようと必死に努力はするものの、集中が途切れてしまうことも多い。〝散漫の経済〟が月曜日にあなたを本筋から脱線させ、道を外れたことに気づいたときにはもう木曜日だった、などという羽目に陥りかねない。

しかし悲観する必要はない。主要なタスクを見失うことなく、進捗状況が確認できるように一週間をデザインすることができるのだ。コツは、おもな目標や構想を以下のような扱いやすいステップに分解すること。次に、希望どおりの進展を得るために必要な三つの結果を特定することを通じて、それらのステップを週に振り分ける。ここで言う三つの結果とは、ボールを着実にゴールへと近づけるのに必要な結果のことだ。このプロセスに関しては、私はその一部を著書『ユア・ベスト・イヤー・エバー（Your Best Year Ever）』でも取り上げたが、本書では詳しく説明する。

「ウィークリー・プレビュー」は六のステップで構成され、そのステップを通じてあなたは頭上を飛び交うすべてのタスクを追跡し、時間をコントロールできるようになる。いつウィークリー・プレビューをやってもかまわないが、必ずやること。私の考えでは、一週間分の仕事が片づいた金曜日の午後、あるいは新しい週が始まる直前の日曜日の夜が最適だと思う。週の始まりの月曜日の朝もいいだろう。私のお気に入りは日曜日の夜だ。第三章と第七章で述べたように、ときどき発生する緊急事態を除いて、回復のために確保した週末に私が唯一例外として仕事にかかわることを自分に許す時間だ。あなたも自分にとっていちばん都合のいい時間を選べばいい。毎週繰り返す項目としてスケジュールに組み込み、自分をその責任者に任命する。最初は三〇分ぐらい必要だろう。慣れてきたら、一〇分から一五分ぐらいでじゅうぶんかもしれない。実際にどれぐらいの時間が必要かは、性格や仕事のやり方によって、人それぞれだろう。

このプロセスは、混乱（一〇人相手の卓球）を乗り越えるために、タスクや行動をあなたのスケジュールと責任に合わせて並び替える機会だ。あなたのプロジェクトや任務を確実にこなす鍵になる。一週間コントロールを保つためにできることはすべてやった、大きな目標やプロジェクトを前進させることができた、同僚やクライアント、家族そして自分自身を幸せにした、と思えることができれば、その週は大成功だったと言える。ウィークリー・プレビューを行うことで、あなたはどこまで基準を満たすことができたかを知り、次の週へ進む心構えができる。では、六つのステップを順番に見ていこう。

ステップ1　最大の勝利を振り返る

ウィークリー・プレビューの最初に少し時間をとって、過ぎ去った一週間でどの成果が最大の勝利だったかを考えてみる。大きな成果、最も誇りに思っていること、生活や仕事に大きな影響を及ぼした仕事などをいくつか列挙してみよう。最初のうちは不自然な気がしても、意図してそのように考える癖を身につける。リーダーの多くは成功ではなく、失敗――達成できなかったこと――に目を向けがちだ。そのようにフォーカスを間違った方向に向ければ、自信を失いかねない。一方、成功にフォーカスすると、感謝や興奮、あるいは自信が得られ、翌週にさらに大きなチャレンジに取り組む気になれる。

ステップ2　前週のレビュー

次はちょっとした復習の時間。前の週の様子を思い出し、そこで学んだことを教訓として、将来をよりよくするためにどんな調整をすべきか慎重に検討してみる。その際、次の三つの問いに答えを見つけるよう心がける。一つ目は「ウィークリー・ビッグ3」（詳しくは後述）に関係する問いかけだ。「前の週に比べて、自分は主要なタスクでどれぐらい前進することができただろうか？」。誠実に自分に問いかけてみよう。主要タスクを過去一週間でどの程度前に進めることができたかを自分で評価する。すべてを片づけることができた？　やることがまだ残っている？　ちなみに、やりたいことがすべてできなかったとしても、前進した自分を褒めていい。リーダーは目標のすべてを達成できなかった場合に自分を責め、前進を喜べないことが多いものだ。これらの問いに答えるのは重要だ。なぜなら、その答えが次の問いに直結するからだ。

二つ目の問いは「何がうまくいって、何がうまくいかなかった？」だ。思いも寄らぬ中断や妨害があった？　あったのなら、どんな妨害？　誰のせい？　避けることはできなかった？　あなたの計画はどうなった？　うまく進んだ？　時間を計画どおりにうまく使えた？　このステップの目的は、次の週のパフォーマンスを改善するために、どの戦略や戦術が有効であったかを見極め、自分の行動や計画の何が間違っていたかを突き止めることだ。

その結果を踏まえて、「何をやりつづけ、何を改善し、何を始め、何を終わらせればいい？」が、最後の三つ目の問いになる。いわば、経験を実用的な教訓に変えるための問いかけだ。本当の意味で成長する機会でもある。今後のために、あなたは行動や計画をどう調整するだろうか？　自身の経験から学び、その教訓を活かして行動を変えることができる人はどんどん成長していく。しかし、そのようなことを実践している人はほとんどいないので、あなたがそれをすれば、ほかを一気に引き離すことができるだろう。

ステップ３　リストやメモを読み返す

私たちのタスクリストや日々のメモは、一週間もたてば雑草のように数が増える。手に負えない状態になる前に、それらを振り返ることが大切だ。私は先送りにしたタスクから始めるよう勧めている。あとでやると意図的に決めたタスクのことだ。プロジェクト管理ツールを使っているのなら、あなたはそれを利用してステータスの更新や将来的な計画を立てればいい。もう一つ補足として、私はタスクリストは一カ所（多くても二カ所）にまとめるようアドバイスすることにしている。例えば、デジタルならノズビー（Nozbe）やトゥドゥイスト（Todoist）、ふだん使っているカレンダーアプリ、もちろん、紙の手帳でもいい。複数のリストを一カ所にまとめることで、各項目を追跡しやすくなる。タスクリストやメモを保管する場所が多ければ多いほど、見落とす恐れも大きくなる。

次に、委任したタスクを確認する。ほかの人に託したタスクのことだ。確認することで、手放したプロジェクトを再びレーダーで捕捉し、必要なら担当者に状況の説明を求めることもできる。

FREE TO FOCUS

自身の経験から学び、
その教訓を活かして行動を
変えることができる人物は、
どんどん成長していく。

People who can learn from their experiences and use those lessons to make positive changes in their behavior will advance quickly.

続けて、その週にとったメモを読み返す。一日の感想、ミーティングで気づいたこと、将来のアイデアなど、仕事をしていくうえでその週に感じたことや得た着想などだ。そうした文章のなかに宝石が隠れている可能性がある。あなたもすばらしいアイデアを見落としたり、大切なタスクを忘れたりしたくないだろう。タスク忘れをさらに防止するために、次の四つのうちのいずれかを実行しよう。

1　「削除」　不要になったタスクは削除する。

2　「スケジュール」　そのうちいつかやるつもりなら、スケジュールに書き込むこと。自分の「アイデアルウィーク」にうまくはまるように、同じようなタスクはできるだけひとまとめにする。

3　「優先」　あるタスクを一週間以内にやるつもりだが、いつすべきか決めかねているのなら、それを優先事項とみなそう。そのタスクを「今週の優先タスク」リスト――これを私は「ウィークリー・ビッグ３」と呼んでいる（もうすぐ説明するので、少し待って）――に加える。

4　「先送り」　やろうとは思うけど、今週そのための時間はとれない。そんなタスクはそのままリストに残しておく。ひとまず棚上げにして、次のレビュー機会にもう一度検討する。

ステップ4　目標、プロジェクト、イベント、会議、締切りを確認する

人々が最も重要な目標やプロジェクトにつまずく最大の要因の一つは、それらを見失ってしまうことだ。毎日めまぐるしい忙しさのなかで働いていると、最も重要なターゲットやタスクすらぼやけてくる。すでに紹介したが、私のクライアントのルネはプライベートジェットの売買をしている。その彼女にとっても、この点が大きな問題だった。ルネはこう語る。「おかしな話です。だって私は航空業界にいるんですよ。航空業界でビジネスをする者は高度九〇〇〇メートルとか、一万二〇〇〇メートル、一万五〇〇〇メートルのことを考えるものなのに」。しかし不幸なことに、ルネは多くの時間を受け身の態度で過ごした。「私はずっと雑草に足を取られていました。地上にいたのです」

この問題に立ち向かうための手段がウィークリー・プレビューだ。ウィークリー・プレビューを通じて、あなたは仕事を高い位置から見渡せるようになる。今追い求めているゴールのすべてをもう一度確認し、やる気に再点火しよう。同じように、目標にたどり着くために次の週にとるべきステップについて考える時間を設けることも重要だ。加えて、主要なプロジェクトや成果を再認識し、それらを成し遂げるために何をしなければならないか、何がまだできるかを検討するためにも、この時間を利用しよう。

さあ、あなたも来週の（あるいは目的によっては次の数週間の）カレンダーを確認してみよう。何らかの準備、タスクの委任、ほころびの修正などが必要でないか、新しい週が始まる前に確認する絶好の機会だ。仕事の順番を整えるために、予定されている出来事や迫りつつある

締切りなどを日付順に並べてみよう。二機の飛行機を同時に着陸させることはできないのだから。会議やミーティングの日程を確認するのも忘れないこと。日程の変更や取りやめが必要なときは、そのことをしっかりと通知しておいたほうがいい。

ステップ5　ウィークリー・ビッグ3の指定

目標、プロジェクト、締切り、休息などをすべて再確認したら、いよいよ目を前に向けてウィークリー・ビッグ3を決める番だ。ウィークリー・ビッグ3とは、あなたがいちばん大切な目標やプロジェクトに向けて前進するために、次の一週間で絶対に成し遂げなければならない三つの最重要課題のことだ。[4] あなたはきっと一週間でもっと多くのタスクをこなす才能をもっているのだろうが、マラソンは一歩一歩進むものなのだ。

では、何をウィークリー・ビッグ3にするかを、どうやって決めればいいのだろうか？　とても役に立つ方法として、スティーブン・コヴィーが広めた「アイゼンハワー・マトリックス」を挙げることができる。[5] アイゼンハワー・マトリックスはとても単純で、横軸が緊急度、縦軸が重要性を表すグリッド上に四つの領域を想定する。

領域1は重要で緊急。今すぐ、ほかの何よりも優先して行うべき事柄がここに含まれる。付け加えておくが、ここで言う「重要」で「緊急」とは、〝あなた個人〟にとって重要で緊急という意味だ。私たちは、あまりにも頻繁に、自分ではなくほかの誰かにとって重要で緊急な案件に煩わされている。しかし、ここで考えるべきはあなた自身がその四半期に成し遂げるべ

アイゼンハワー・マトリックス

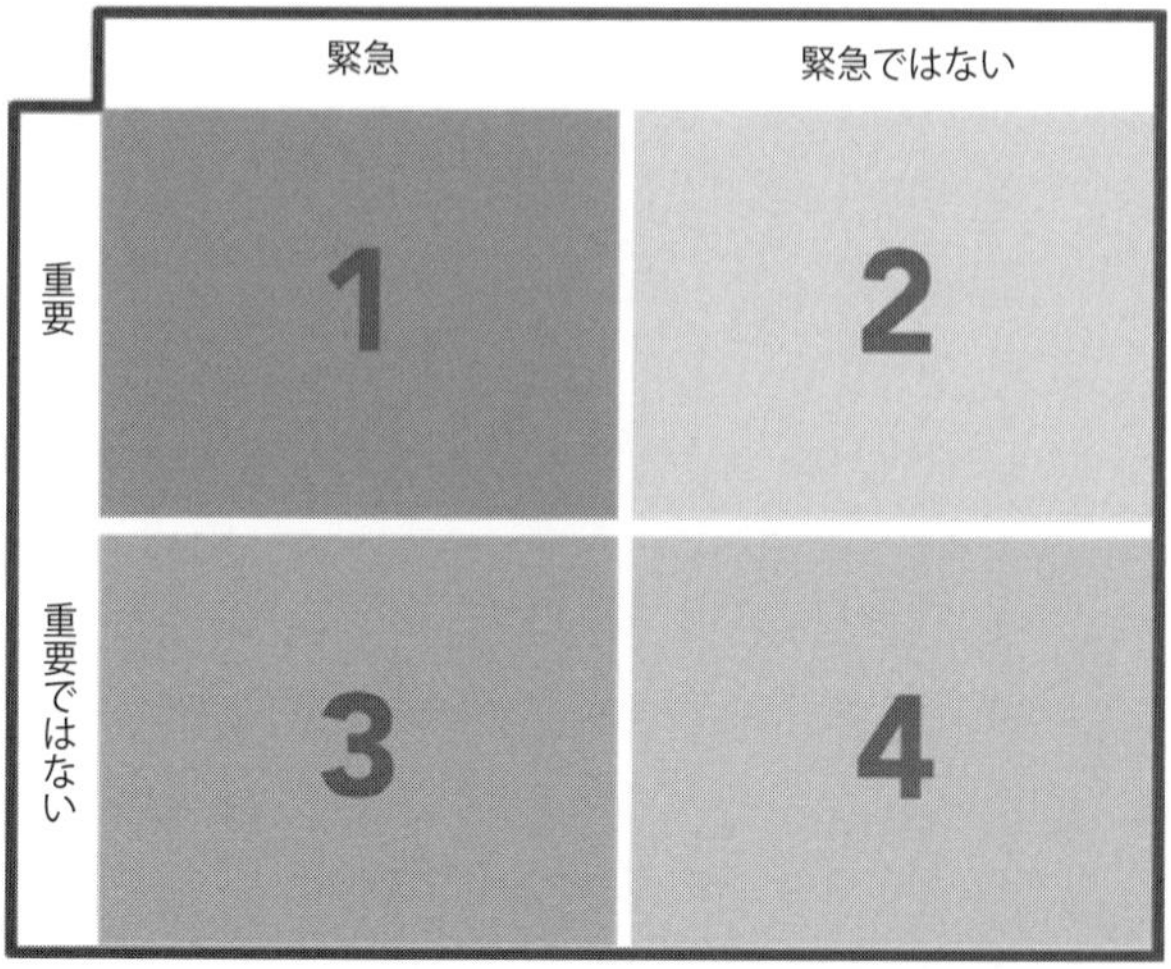

日々をデザインするとき、領域１と領域２の項目を優先し、領域３の項目は迅速に処理（可能なら委任）して、領域４の項目はすべて削除する。

き目標だ。どれぐらいの時間がまだ残っているだろうか？　重要なプロジェクトにとって外せない締切りはいつ？　領域１の項目はウィークリー・ビッグ３の最上位に来るはずだ。

重要だが、急ぎではないタスクが領域２に入る。気兼ねなく先送りにしてもいいということだが、注意は必要だ。緊急ではないタスクは、いつまでも無視されることが多い。いわば着陸許可の下りない飛行機のようなもので、上空で旋回を続けてそのうち燃料切れになる。結果、私たちは緊急事態に見舞われるか、好機を逃すかしてしまう。その両方が重なることもある。領域２に入るタスクが見つかったら、できるだけ早い時期にそれを行うように計画しよう。

領域３はほかの人にとっては急ぎで重要だが、あなたにとってはそれほど重要ではない項目で構成される。ここが、多くの人が毎週足をすくわれる場所だ。注意しておかないと、あなたは自分ではなく他人のタスクを優先してしまい、自らの生産性を損ない、主要目標への前進ができなくなる。領域３の項目の扱いは、それぞれそのつど検討するのがいいだろう。その際、次の三つを自分に問いかけてみる。

1　その項目に「イエス」と言う場合、領域１や２の項目がおろそかにならないだろうか？
2　領域３の新しい要求に応じたら、どんな犠牲を払うことになるだろうか？　要するに、それに「イエス」と言えば、ほかの何に「ノー」を言わなければならなくなるだろうか？
3　それをやることにした場合、あなたはのちに自分の決断を後悔したり、ほかの人を恨んだりすることにならないだろうか？

この三つの問いかけをしたあとでも、ほかの人の優先事項を引き受けてもいいと思えるなら、そうすればいい。しかしながら、緊急性と重要性を混同しないように気をつけること。

領域４には緊急でも重要でもない案件が含まれる。それらはあなたのタスクリストやカレンダーに居場所を得るべきではない。それなのに、あなたのカレンダーにもそれらが多く含まれているのではないだろうか？　基本的に三つの理由が考えられる。一つ目は「混乱」。活動やタスクを評価する時間をとらずに、要するによく考えもせずに行動を起こして、落とし穴にはまってしまうのである。二つ目は「罪悪感」。その仕事をするのは自分の責任ではないことを知っていながら、やっぱりやったほうがいいと考えてしまう。判断力ではなく、罪悪感を重視するのである。最後の三つ目は「機会を逃すことへの恐れ」だ。人は新たな機会に対して「ノー」と言うことを恐れる――その機会が自分の世界にとって重要かどうかは関係ない。

ウィークリー・ビッグ3を指定するとき、自分の優先事項のなかに他人の優先事項が混ざり込むのを許してはならない。本当にフォーカスする自由を手に入れたいのなら、自分の時間の九五パーセントを領域1と2の活動だけに使うよう心がけることだ。不可能だと思うかもしれないが、決してそんなことはない。リストをつくるとき、次の点を自問しよう。

●これは（自分にとって）〝重要〟だろうか？
●これは（自分にとって）〝緊急〟だろうか？

この二点の答えが優先事項を見極めるガイドになり、究極的にはあなたを確実に自由にしてくれる。ルネの場合もそうだった。「私の人生は目標ではなく、メールの受信トレイによって動かされていました。そのせいで何かと混乱していて、一日の終わりになっても達成感はまったくありませんでした」。彼女は続けた。「会社のオーナーとしてこんなことを言うのは少し恥ずかしいのですが、毎朝会社へ行くのが苦痛で。でも〝フリー・トゥ・フォーカス〟のおかげで自分にとって最も重要なタスクを選び、それらを成し遂げることができるようになっただけでなく、身のまわりの世界に大きな変化を起こすと思えることに取り組む余力も生まれました」

ステップ6　計画的な回復

回復については、第三章で詳しく述べたし、第七章でも「アイデアルウィーク」との関連で言及した。回復にとって、最も肝心なのが「ウィークリー・プレビュー」だと言える。回復の手段として七つの要素――睡眠、食事、運動、人づきあい、遊び、内省、遮断――を紹介した。この段階で回復のために使う時間を、スケジュールとして夜や週末、あるいはほかの時間に組み込んでおく。多くのリーダーと同じで、あなたも回復の時間をとるのが難しいと感じるなら、七つの要素すべてについて、次のように問いかけてみよう。

計画がなければオフステージの時間の使い方がおざなりになってしまいがちだが、スケジュールとして組み込んだことは予定どおりに行わなければならない。回復も例外ではない。初めのうち、私のクライアントのマットにとって、生産性とは少ない時間で多くの仕事をやることだけを意味していた。しかし、「自由のコンパス」や「委任」のような手段を用いることで、彼はついにオフステージの時間をつくることに成功した。「私はほぼ毎朝六時にオフィスに行って、五時か五時半まで働きます。土曜日もたいていは朝八時から仕事をして、終えるのは一二時か一時ごろです」と彼は言っていた。サービス業に携わるマットは、仕事に数多くの邪魔が入るのが問題だった。そのため、土曜日の午前に働かないと、仕事が追いつかなかったのである。平日のあいだに出た仕事の遅れを、オフステージ時間を使って取り戻す――職業に関

睡眠	毎晩どのぐらい寝たい？　希望する睡眠時間を得るには、何時に就寝しなければならない？　昼寝は？
食事	行ってみたいレストランやつくってみたい料理がある？　それらを人づきあいと結びつけることはできる？
運動	自由な時間に運動をしたい？　いつもの運動と違うことを試してみたい？
人づきあい	自由な時間を誰と過ごしたい？　その時間を充実させるために何をする？　人間関係を強めるためにどんな活動を取り入れられる？
遊び	休みの時間にどんな娯楽がしたい？　やりたい趣味やしたいゲーム、あるいは観たい映画がある？
内省	どうやって精神と心を回復させる？　本を読む？　日記を書く？　散歩に行く？　礼拝に参加する？
遮断	どうすれば仕事を確実に遮断できる？　スマホを引き出しに入れる？　仕事用アプリからログアウトする？　仕事については何も考えない、話さない、読まない？

わりなく、多くの人が陥りがちな過ちだ。

マットはこの悪癖に終止符を打った。「毎週数日、オフィスへ行かないことにしました。オフィスを離れ、メールも電話も遮断します。一日中確認もせずに、仕事を片づけることだけに集中します。結果、土曜日に出社する必要がなくなりました。生産性を高めるために、一日により多くの仕事を詰め込むのではなく、やるべき仕事を厳選するようになったのです。おかげで、家族と過ごしたり、好きな趣味をしたりする時間が増えました。仕事をするときは仕事をする。家にいるときは家にいる。しっかり仕事をして、しっかり遊ぶ。両者のあいだに境界線を引いて、きちんと分けることが大切です」

「ウィークリー・プレビュー」の過程にはそれほど多くの時間は必要ない。すでに指摘したように、慣れてくれば一〇分か一五分で終わらせることもできる。この過程を迅速にうまく行う手助けとして、『Full Focus

Planner』にサンプルフォームを収録している。日々のデザインが、どのタスクをいつどこでやるかを指定する次の段階になる。その際、考慮しなければならない点がいくつかあるが、この過程もウィークリー・プレビューと同じで、あまり多くの時間を必要としない。

一日のデザイン――デイリー・ビッグ3

すばらしい一日は起こるものではない。起こすものだ。かつては私も、毎日オフィスへ赴いては、生じた出来事に何の計画性もないまま反応したり、さまざまな要求を満たしたり、突然の妨害に遭ったりしながら、時間を費やしていた。あなたの毎日もそうであるのなら、あなたが成功者になることはないだろう。なぜなら、あなたは自分がコントロールできていないからだ。コントロールをほかの誰かに譲り渡してしまっている。あなたが目指すべきは、ほかの誰かにあなたの一日を支配する権利を与えることでも、自分にとっていちばん大切なことがまったくできない状態をつくることでもないはずだ。だから、自分の目標や優先事項に適した一日をデザインしなければならない。

私たちの仕事の日常の大部分は、二つの活動で満たされている。ミーティングとタスクだ。職業に応じてこの二種類の活動の組み合わせが変わり、おもな仕事がフロントステージかバックステージ（第七章参照）かによって、一日の構成が少し異なる。

ミーティングの時間は決まっている。基本的にあなたの好きにすることはできない。もちろん、ミーティングをキャンセルしたり、欠席したりすることはできる。しかし、最後の数分を待たずしてミーティングから抜けたりしていると、あなたの人間関係が損なわれ、評判も傷つくことだろう。また、そのミーティングのために何時間も準備をしてきたほかの出席者に対しても、とても失礼な態度だ。だから、それらをウィークリー・プレビューに含めなければならない。そしてミーティングを受け入れ、スケジュールに組み込むことに決めたのなら、あとはそこに姿を現して参加する以外の選択肢はありえない。私の場合、ときどき数多くのミーティングが続いて、数日のあいだほかのタスクが行えなくなることがある。あなたもそのようなことがあるのではないだろうか。しかし、そのような日が近づいているのを、私は前もって見ることができる。だからそのような日には、ほかのタスクを計画に入れない。その逆をすることもある。タスクだけに集中できるように計画を立てて、その日はいかなるミーティングも断るのだ。仕事に没頭するために絶対に邪魔をされたくない時間が必要なとき、ミーティングを断るのはとても大切なことだ。自分のアイデアルウィークにのっとって計画を立てよう。

タスクに関して言うと、私は重要なタスクは多くても三つ、本当に三つだけ一日の計画に含めることにしている。この三つを、私は「デイリー・ビッグ3」と呼んでいる。あなたは、三つに絞るなんて無理だ、あるいは望ましいことでもない、と思ったに違いない。しかし、そう決めつけるのはもう少しあとにしていただきたい。三つに絞ることができれば、あなたの仕事が、生産性が、そして職場と家庭での満足度が、劇的に変わることだろう。

たいてい、管理者の一日はやらなければならない課題、参加しなければならないミーティング、話さなければならない人々、終えなければならないプロジェクトなどの長いリストで始まる。ほとんどの場合、あまりにも多くのことをやろうとしすぎて、結局失敗する。彼らの一日のタスクリストには一〇個から一二個の項目が含まれていることも珍しくない。しかし、それは失望のもと。たとえそこから五つから六つをこなせたとしても、まだまだたくさん残っているので、一日を台無しにしたような気分になる。

すでに紹介した私のクライアントのスティーブンは、週に五日一二時間、ときにはもっと長い時間働いていた。「六時から六時まで働いていたのに、やりたかったすべてを成し遂げられなかったので、仕事を終えたあとも何時間もストレスを感じる日々でした」とスティーブンは語った。「自分ですべきだとは思わないタスクを数多くこなすかたわらで、欲求未満が募り、仕事以外の場での精神状態にも影響しはじめました」。長時間労働と精神的疲弊が彼の妻と娘と過ごす時間を――量という意味でも質という意味でも――奪っていた。

当時のスティーブンが思いついた唯一の解決策は、もっと働くことだった。「私は頑張って、頑張って、頑張って、〝そのうちたどり着いてやる、そのうち仕事を減らしてやる〟と考えていました」。しかし、第二章で議論した「制限的な信念」を思い出してほしい。私たちは絶え間なく働きすぎているのに、気分を少し楽にするために「一時的に働きすぎているだけ」などと言ったりする。しかし、慢性的な働きすぎに終止符を打ちたいのなら、考えを変える必要がある。優先する仕事を三つか四つだけに絞るのだ。

その際私は、ここでもパレートの法則が活きていることに気づいた。80対20の法則とも呼ばれるパレートの法則によると、成果のおよそ八〇パーセントは行動の二〇パーセントに起因している。私の経験では、平均的な人の場合、タスクリストにだいたいいつでも一二から一八の項目が並んでいる。計算を簡単にするために、ここでは一五と想定しよう。パレートの法則が成立するなら、一五の二〇パーセントつまり、三つのタスクがほかよりも重要だということだ。考えてみよう。その二〇パーセントにフォーカスすることで、八〇パーセントの成果が得られるのである。その三つこそが、あなたにとっての「デイリー・ビッグ３」だ。[6]

> フォーカスする自由を手に入れたいのなら、優先する仕事を三つ、わずか三つに絞ること。

では、どうやってデイリー・ビッグ３を選べばいいのだろうか？　まずはウィークリー・ビッグ３を見てみよう。自分の目標やプロジェクトの完結に近づくために、その週に成し遂げなければならない三つの課題のことだ。このウィークリー・ビッグ３に、何をデイリー・ビッグ３に選ぶべきかを教えてもらう。デイリー・ビッグ３は理想ゾーンに属するタスク、もしくはアイゼンハワー・マトリックスの領域１か２に入るものでなければならない。ウィークリー・ビッグ３を念頭に置きながら、まずは理想ゾーンにある活動を、その次に領域１のタスク（重要で緊急）を、そして最後に領域２のタスク（重要だが緊急ではない）を眺めてみる。もちろん、外部からの依頼など、対応しなければならない業務が生じることもあるに違いない。そんなときもアイゼンハワー・マトリックスを応用する。それを怠れば、あなたの一日は領域３のタスク（ほかの誰かにとって緊急だが、あなたにとっては重要でない）であふれかえってしまうだろう。

厳しすぎると思うかもしれないが、そうすることで、あなたは本当に大切なことに完全にフォーカスできるようになる。加えて、押しつぶされるような感覚からも解放されるはずだ。なぜなら、どうせ片づけることができない数多くの項目がリストを占拠することがないからだ（初めから勝てないとわかっている試合に全力を尽くす者がいるだろうか？）。さらにうれしいことに、日々の九〇パーセントほどで、一日の終わりにやるべきことがすべて片づいていることだろう。そう考えると、ワクワクしてこないだろうか？　このモデルに従えば、あなたは本当に重要な仕事だけをやって毎日を過ごすことになるだろう。

一日に三つのタスクだけと言うと、仕事をしていないような気になるかもしれないが、実践するのは想像以上に難しくて、自制心も必要になる。逆に、一二のタスクを書き連ねるのは怠け心の証だ。怠けた結果として、忙しい日々を送るはめになる。一方、一二の〝候補〟を眺めながら〝本当に〟大切な三つに焦点を合わせるのには努力が必要だ。一日にたった三つのタスクでは、長期的には少なすぎると思うのなら、一年というスパンで物事を見てみよう。週に五日働き、休暇や祭日で年間一二五日が休みの人の場合、一年を通じて一二三五日働くことになる。

この二三五日すべてで本当に大切な仕事を三つ片づけた場合、七〇五もの重要案件を成し遂げる計算になるのだ。理想ゾーンに属する重要な仕事を一年で七〇五も片づけることができたら、ビジネスにどれほどの好影響を及ぼすだろうか？

ボストン・ビール社の創業者で、サミュエル・アダムズ・ブランドの醸造者であるジム・コックは、この単純な原則を突き詰めることで一五億ドル規模のビジネスを築き上げた。ビジネス誌ファスト・カンパニーで、コックは自身の典型的な一日を次のように描写している。「毎朝、私はその日にすべきことを三つから五つ、付箋紙に書くことを習慣にしている」としたうえで、こう説明する。「これらは重要だが、必ずしも緊急だとは限らない。一日が始まると、私はそのリストをずっとそばに置いておく――それをほったらかしにしたりほかの日に後回しにしたりするのは簡単だ。でも私はその日が終わるまでにそれらをリストから消すことを最優先事項にしている」[7]

デイリー・ビッグ3はビールだけに有効なのではない。数十億規模のデータ管理会社として知られるヴィーム・ソフトウェアの共同創業者であるラトミール・ティマシェフも、タスクリストを短くすることを心がけている。「やることのリストをつくれば終わりがなくなるので、優先順位を決めることが重要だ」と彼は語る。「ほとんどの場合、私はその日になすべき最も大切な三つの項目をリストに含める。そうすることで、私の一日は本当に管理しやすくなる。私は朝型の人間なので、たいてい午前中にこの三つを終えることができる。そのため私には、その日突然生じた緊急の課題にも取り組む時間が残されている」[8]

ステイーブンも同じような経験をした。限られた数のタスクにフォーカスすることで、スティーブンは仕事量を半分に減らして、しかもビジネスを大きく育てた。そして今では四時ごろには帰宅して、娘たちと過ごす時間もできたのである。第六章で紹介した私のクライアントのケイレブも例外ではない。「私はめまぐるしい生活を送っていて、毎週本当にストレスを感じていました」と彼は話した。「いつもたくさんの項目がリストに並んでいて、一日が始まる前にはもううんざりしていたのです。〝一日に二〇ほどやることがあるのだから、ビッグ3だけに項目を減らすなんて、絶対に無理だ！〟と思っていました」。誰もが最初は無理だと思う。しかし、理想ゾーンの仕事だけをすることに真剣に取り組み、ほかのタスクのほとんどは削除、自動化、あるいは委任すれば、ビッグ3に絞ることは可能だ。ケイレブもそうすることによって多大な利益を得た一人だ。「本当にできました。ほとんどの日で、私はビッグ3をはっきりと指定することができています。今ではチームができたので、私はビッグ3だけに集中し、ほかの活動はチームメンバーに委任できるようになりました」

たった三つの重要タスクにフォーカスを当てることで、ケイレブはコントロールを完全に取り戻した。仕事に支配されるのではなく、仕事を支配できるようになった。「平穏な日々です。〝平穏〟以上に適した言葉が見つかりません。以前よりもはるかに多くのエネルギーをもって、毎日の仕事に取りかかれるようになりました」。ケイレブはいわば必ず勝てるゲーム――二〇のでたらめで面倒なタスクではなく、たった三つの重要な仕事だけにフォーカスするゲーム――をつくったと言えるだろう。そのため、たしかに前進したという満足感を胸に、毎日を終えることができる。「私は勝者として帰宅するので、家庭での生活も改善しました」。

第二章で紹介したマリエルも、日常をデザインすることで平穏が得られたと語る。「その日にやることがたくさんあったので、毎朝起きてすぐ、私はパニックに陥っていました。でも今では穏やかで、以前よりもはるかに安らぎを感じています。学んだ方法を使うことで、私はリストにある項目は成し遂げられるとわかるようになったし、自分のゴールに近づくために最低限のことはしたという自負をもって一日を終えられるようにもなりました」。マリエルはこの仕組みをチーム全体に応用したおかげで、個人を超える範囲で大きな違いを生むこともできた。「みんな、以前はどんな形で仕事をしていたか思い出せない、と言って笑っています」

デイリー・ビッグ3をどの形で記録するかは人それぞれだ。クックのように付箋紙に書いてもいいし、手帳を利用してもいい。ノズビーのようなタスク管理システムを使ってもいいだろう。それでも一日のデザインに苦戦するようなら、私も利用している『Full Focus Planner』のデイリー・ページが役に立つ。ビッグ3をどこに書いてもかまわない。大切なのは、優先すべき仕事だけにフォーカスすることだ。

時間の境界線を引き直す

イエス・キリストと同じ時代を生きたローマの哲学者セネカは、私たちが直面している困難について次の言葉を書き残している。「私たちの生きる時間が短すぎるのではない。無駄にしている時間が長すぎるのだ。使い方を知っていれば、人生は長い」

セネカの時代から二〇〇〇年が過ぎたが、私たちは今も同じ問題に苦しめられている。おそらく今後もずっと苦しめられつづけるのだろう。時間を大切にせず、無駄に使っているのだから。「人は、自分の土地を誰かに奪われることは拒むのに、生活を侵害されることには寛容だ——彼らは自分たちの生活を乗っ取ろうとする者でさえ、なぜか招き入れている」。そしてセネカはこう付け加えた。「人は財産を守るという点ではとても倹約家になれるのに、ケチケチして当然な時間に関しては無駄の多い浪費家になる」[9]

では時間を無駄にしないことがなぜ難しいかというと、時間は形がなく、未来には決まった境界線がないからだ。この問題を解決する手段が、自分のスケジュールの〝何〟と〝いつ〟を、まずは週の観点から、次に日の単位で指定することだ。ウィークリー・プレビュー、ウィークリー・ビッグ３、デイリー・ビッグ３の三つは、私たちが抱える潜在的なタスクを目に見える形にしてくれるだけでなく、私たちの時間に明らかな境界線を引く助けにもなる。この線引きは、あなたを煩わせる妨害や時間泥棒から貴重な時間を守るとても優れた手段だ。

防御を固めたあなたは、いよいよ攻撃に転じることができる。第九章で攻撃を始めよう。

FREE TO FOCUS

使い方を知っていれば、
人生は長い。

── セネカ

"Life is long if you know how to use it."

── SENECA

週と日のデザイン

今日がたまたま週の真ん中あたりでも気にせずに、本章のガイドラインを参考にして、あなた自身のウィークリー・プレビューをウィークリー・ビッグ3込みでつくってみよう。その際、FreeToFocus.com/toolsからテンプレートをダウンロードしてもいいし、『Full Focus Planner』を利用してもいい。できあがったら、次から毎週ウィークリー・プレビューを行うことをカレンダーに繰り返しの予定として設定する。

次に、ウィークリー・ビッグ3を基準にして、自分のデイリー・ビッグ3を作成する。今日絶対にしなければならないタスクを三つ指定して、そのための時間をスケジュールに組み込むのだ。『Full Focus Planner』のデイリー・ページにもデイリー・ビッグ3のスペースを設けてある。また、FreetoFocus.com/toolsでサンプルを見ることもできる。これから数週間をかけて、毎日デイリー・ビッグ3を選ぶ習慣を身につけよう。三週間後に見返してみると、あなたは四五もの大切なタスクを終え、自分自身とビジネスの両方を大きく前進させたことに気づくはずだ。

第9章　活性化　邪魔を排除し、散漫を防ぐ

ACTIVATE: Beat Interruptions and Distractions

自らの意志で注意を向けたものだけが私の経験になる。

ウィリアム・ジェームズ

風変わりな雑誌出版者で発明家でもあるヒューゴー・ガーンズバックは困っていた。一九二五年当時でさえ、職場には気が散る原因がたくさんあって、仕事が思うようにはかどらなかったのである。問題を解決するための手段として、ガーンズバックはアイソレーター《隔離道具》と名付けた新しい装置を思いついた。大きなダイバー用ヘルメットのような形をしたアイソレーターはオフィス機器、電話のベル、ドアのチャイムなどの騒音も、仕事仲間のおしゃべりも遮断する。目の部分に小さな穴が二つあるだけなので、目の前の仕事だけに——少なくとも、ボンベの酸素がなくなるまでは！——注目することができる。[1]

昔から、オフィスには気が散る原因がいっぱい。発明家のヒューゴー・ガーンズバックがアイソレーターを発明したのは1925年！　酸素がある限りは、すばらしい発明だった。

ガーンズバックは先見的な人物だったが、それでもメッセージやインプットの山に押しつぶされながら生きている今の私たちを見れば、驚いたに違いない。ソーシャルメディア、テキスト、アプリの通知、ミーティングの招待、オフィスの電話や携帯電話からの通話、あるいはそのほかの対処しきれないほど多くの騒音にさらされながら、今の私たちは生きている。オープンプラン式やパーティション式のオフィスが流行していることも、状況の悪化に一役買っている。協調性や費用の点ではそのようなオフィスには利点があるのだろうが、他方では、働く人の集中力が犠牲になっている。[2] その影響で私たちの脳があまりにも散漫になってしまったので、マインドフルネス——邪魔のすべてを遮断して、今そこにいることに集中するという考え——の実現をサポートする業界が成立したほどだ。しかし、マインドフルネスを得るのは意外と難しい。

難しい理由はというと、〝散漫の経済〟が、私たちの意識を今日やらなければならないことから別の何かへ向けさせせようとするからだ。なぜだろうか？　私たちは注意や関心を〝払う〟と言うが、それには理由がある。フォーカスは貴重なのだ。自分自身にとっても、他人にとっても、貴重なのである。「ピッ」という音に目を向けるたびに、通知音に反応をするたびに、私たちは自らの価値の一部を他人――同僚や広告主――に譲り渡している。そして不幸なことに、私たちはしばしば大赤字を出す。

もちろん、本当の緊急事態が生じることもあるが、多くの場合でそのような妨害は重要ではなく、ささいなことなのだ。しかし、たとえ妨害が重要だとしても、方法を知っていればそれらを減らすことはできる。自分の最も重要なプロジェクトとタスクにフォーカスするなら、私たちは妨害や散漫要素が日々を混乱に陥れ、前進を阻むのを受け入れている余裕などないはずだ。本章では、目標を達成した喜びを感じながら毎日を終えることができるように、妨害を最小に、フォーカスを最大にする方法を確かめる。

やってくる邪魔＝妨害

妨害とは、外部からやってきてあなたの集中を乱すもの。突然の訪問客、電話、メール、スラックのメッセージなどが、本来の仕事からあなたの注意を引き離す。ただの迷惑と呼ぶにはあまりにも煩わしい。有意義な仕事をむしばむ癌だ。たとえ仕事をなんとか終えることができたとしても、妨害があったせいで完了が遅れ、成果もベストにはほど遠いことだろう。しかし、いい知らせがある。あなたには妨害を減らして抵抗する力が想像する以上に備わっているのだ。いわば仮想のアイソレーターをつくって生産性を最大にするには、二つの行動が必要になる。

予定外のコミュニケーションを制限する

通信速度は時代とともに速まってきた。私が社会人になったばかりのころ、書面によるコミュニケーションのほとんどは郵便を介して行われていた。手紙が宛先に届くまで、数日から一週間ほどかかっていた時代だ。そこへファックスが登場した。さらには電子メール、テキストメッセージ、インスタントメッセージングなどが次々と現れてきた。かつて、即時コミュニケーションといえば電話の独壇場だったが、今ではスラックやマイクロソフト・チームズをはじめとするメッセージングアプリやコラボレーションアプリを使うことで、個人もチームもリアルタイムで常時コミュニケーションがとれるようになった。

しかし、私たちはどうやらスピードと重要性を混同しているようだ。この思い違いが、コミュニケーションの速度を上げると同時に、妨害の数を増やす結果につながった。ある調査では、回答者の四分の一がインスタントメッセージを受け取ったら、別のことをしている最中でもすぐに返信しなければならない重圧を感じる、と回答した。[3] もちろん、個人の生産性にとってゆゆしき事態だ。[4]

一〇をはるかに超えるアプリやデバイスが着信メッセージやコメント、タグ、アクションなどを通知してくるたびにそれらに気を奪われていては、有意義な仕事に長時間専念することなど、できるはずがない。iPhoneの発売から五年後、アップルは同社のサーバーが通算七兆を超えるプッシュ通知を配信したと公表した。[5] それからの年月、その数は増加の一途をたどった。これはスマートフォンに限った話ではない。コンピュータも、タブレット端末も、スマートウォッチも、それぞれ独自のアプリやウィジェット、あるいはプログラムのエコシステムを通じて、通知音や警告音、あるいは目障りなビジュアルを垂れ流している。それらの通知の一つひとつが、あなたの注意を利用する目的でつくられている。つまり、あなたは自分の意志で注意を払っているのではないと言うことだ。

ヒューレット・パッカードとロンドン大学が行った研究によると、着信した電話やメッセージに気をとられると、人の知能指数は一〇パーセント低下するそうだ。大麻を吸ったときよりも倍も下がるのである。[6] 認知機能が永遠に損なわれるわけではないが、「一時的にあなたは馬鹿になる」と神経心理学者のフリーデリケ・ファブリティウスとリーダーシップ専門家のハンス・ハーゲマンが述べている。[7]

この問題の唯一の対処法は、可能な限り遅延型のコミュニケーション手段を使うこと。カスタマーサービス部門など、〝つねにオンライン〟でなければならない場合を除いて、一日に二回か三回以上Eメールやスラック・メッセージなどにかかわるべきではない。例外は、デイリー・ビッグ3のような重要な仕事のためにそれらを使うときだけだ。私は、あなたのアイデア

	即時型	遅延型
返信への期待	いつも遅れる	自分の都合に合わせて返信する
集中への影響	フォーカスが台無し	集中が途切れない
コミュニケーションの深さ	急ぐので表面的になりがち	時間がたっぷりあるのでよく考えて応対できる
依存症のリスク	ドーパミンの作用で強迫観念が強まる	ドーパミンが増えないので、依存症のリスクはない

ルウィークと仕事始めや仕事終わりの儀式の時間を、遅延型のコミュニケーションに利用することを勧めている。

即時型のコミュニケーションを減らす最も効果的な方法は、通知を切ることだ。いちばん簡単なやり方は、コンピュータ、スマートフォンなど、すべての機器のすべての通知をひとまずオフにしてから、「絶対に逃してはならない通知はどれだろうか？」と問うこと。どの（ごく少数の）アプリが通知を示してもいいかを決めてから、できるだけ控えめで邪魔にならない通知方法を設定する。私の場合は、メッセージの簡易表示も、「ピン」も、「ブー」も、ロック画面通知も使わない。通知を制限するうえで、見落とされがちだが、とても有効な手段は、iPhoneの「お休みモード」を使うことだ。

加えて私は、毎日何十ものテキストメッセージや通話を着信する人には、それらのほとんどを削除することをアドバイスしている。簡単な方法は、電話番号を変えてしまうことだ。想像するほど面倒ではないし、間違いなく妨害も減る。新しい電話番号を入手したら、グーグル・ボイス（Google Voice）の番号も取得しよう。そして電話番号は家族や親しい同僚、一人か二人の親友だけに渡す。知人、職場の人々、店舗、オンラインサービスなど、そのほかの人や組織にはグーグル・

ボイス用の番号を伝える。

次にグーグル・ボイス・アプリをモバイル機器にインストールする。そして、テキストメッセージとボイスメールがEメールの受信トレイに転送されるように設定するのだ。そしてそれらをすべて、一日に何度か予定した時間に、メールとしてまとめて処理する。テキストメッセージのEメールに返信することも、ほかの人にテキストを送ることもできる。

「テキストメッセージのEメールは一日に数回しか確認しない」と記したメッセージを自動返信するようにメールプログラムを設定しておけばいい。あなたのメールプログラムが自動でメッセージを送信し、相手はそのテキストを受け取る。そうしておけば、あなたがリアルタイムで受け取るテキストメッセージは、家族がごく一部の親しい知り合いが送ってきたものだけになる。

このように即時型のコミュニケーションを制限することで、ストレスが減り、フォーカスが増し、より深く仕事に没入できるようになる。結果として、最も重要なタスクやプロジェクトがはかどるだろう。しかも、そこにもう一つの行動を付け加えることで、さらに前に進むことができる。

前もって境界線を引く

遅延型のコミュニケーションを選ぶということは、ほかの人があなたにアクセスするのを制限するということだ。その際、制限する事実を前もって彼らに知らせておくのがいいだろう。

集中する時間をつくるためにコミュニケーションを遮断すると、必要な人に伝えるのである。彼らのほうから問い合わせてくるのを待つのではなく、メールやスラックを使ってあらかじめ知らせる。あるいは、適した伝達手段があるのなら、そこにステータスを投稿してもいい。メールには自動返信をセットしよう。オリバー・バークマンは、Eメールの受信トレイは世界の誰もが書き込めるＴｏ Ｄｏリストのようなものだ、と表現した。[8] そのコントロールを取り戻して維持するために、自動返信を設定して、ほかの人に自分が今オフラインであること、返信がいつごろになるかを伝えるのだ。部屋のドアには「邪魔しないでください」と書いた標識をぶら下げてもいい。

いつコミュニケーションに応じることができるかをあらかじめ知らせることで、あなたは受け身でなくなる。もう一つの方法は、応接時間を公表することだ。いつでもどうぞと言うのは聞こえはいいが、際限なく訪問を許していては、まともな仕事ができるはずがない。応接時間を決めて公表しておけば、チームは相変わらずあなたに相談を持ちかけることができる一方で、あなたはそのような妨害が起こる時間を予定し、仕事をする時間を守れるようになる。

Eメールの受信トレイは世界の誰もが書き込めるＴｏ Ｄｏリストのようなもの。

さて、あなたの都合など意に介さない上司にはどう対処すればいいのだろうか？　その場合にあなたがすべきは、あなたがなぜ仕事に深くフォーカスする時間が必要なのかを、上司に理解してもらうことだ。あなたがフォーカスできれば、会社にどんな利点があるのか、しっかりと説明しよう。彼らが利点に納得すれば、あなたは境界線を引くのが容易になるだろう。

しかし、ここで一つ警告しておくが、あなたが自分自身の境界線をしっかりと守らないのであれば、ほかの人もあなたの境界を尊重しようとはしない。誰かがあなたの境界線を越えようとしたときには、断固とした態度で突っぱねること。もし、彼らの要求がまっとうであるなら、そのために設けた時間になるまで待ってもらう。繰り返すが、時間には限りがある。貴重な資源として守る態度を貫くこと。

出て行く注意＝散漫

私たちの注意を奪おうとする〝外的な〟力を妨害とみなすなら、散漫とは集中を阻むあるいは破壊する〝内的な〟要因とみなせるだろう。私たちにとって最大の敵は自分自身だ。私たちは、やらなければならない仕事から自分で自分を引き剥がそうとする。やっている仕事がつまらないときや特別に難しいときなど、私たちはメール、テキストメッセージ、電話、ネットサーフィン、ニュース、ソーシャルメディアなどに逃げようとする。しかし、タスクに背を向けるたびに、私たちの脳はどんどん散漫状態になりやすくなり、集中できる時間が短くなり、フォーカスに満ちた生活から遠ざかっていく。

ガーンズバックのアイソレーターは、現実的には決して役に立たなかっただろう。酸素の問題は別としても、人は外的な要因がなくても散漫になるからだ。ガーンズバック自身、こう述べている。「時間の五〇パーセントにおいて、人は自分で自分の邪魔をする」[9]。私の考えでは、五〇パーセントは少なく見積もりすぎだろう。外からの騒音や刺激の文句を言うのもいいが、自分の行動を変える必要もあるということだ。

フォーカスの中断

これはマルチタスキングがもたらす本質的な問題だ。マルチタスキングは効率が悪いだけでなく、気が散る原因にもなるのだ。ジャーナリストのジョン・ナッシュによると、複雑な問題を解くとき、複数のタスクを行ったり来たりした学生では解決までの時間が四〇パーセントほど遅くなることが、ある研究で確認されたそうだ。もちろん、マルチタスクをしている本人は、時間が余分にかかっているとは感じない。実際はその逆で、めまぐるしく感じる。この高速感が、マルチタスクを辞められない理由の一部になっていると思えるが、その感覚はまやかしでしかない。ナッシュは別の研究結果も引用している。それによると、マルチタスクを行う者は実際にほかよりも早く仕事をする――ただし、成果は乏しい[10]。

ニューヨーク大学のクレイ・シャーキー教授によると、マルチタスキングは「満足感が高い」。なぜなら「仕事時間内で先延ばしの喜びを得られる」からだ[11]。つまり私たちは、本当は長引かせているだけなのに、物事を成し遂げている気になれるのだ。例えばEメールを書いているとしよう。しかしツイッターをチェックするために手を止め、次にニュースを読み、コーヒーを取りに行って、戻って来てから続きを書く。そのようにして、Eメールを書き終えるのに必要な思考を分断する。しかし、一度途切れると、再びもとの作業に頭を切り替えるのには多くの時間が必要になる。同じような作業を部分的に、あるいは断片的にやった場合も同じことだ。送信するメッセージを書いている途中に着信メッセージに返答する場合も、必要な時間が増えてしまう。

Salary.comの調査によると、回答者の一〇人のうちの七人が、毎日の仕事中に時間を無駄にしていると答え、彼らのほとんどはインターネットを使っていた。気が散るいちばんの要因はソーシャルメディア――その代表がフェイスブック――だったのだが、オンラインショッピングや旅行やスポーツあるいはエンタテインメント関連のサイトを眺めると答えた人も多かった。[12]私たちはいったいどれほどの時間を、無意識のうちにウェブページから次のウェブページへとさまよったり、スマートフォンを目的もなく延々とスクロールしたりしながら過ごしているのだろうか？

私は何度も、ソーシャルメディアはちょっとした散歩やたばこを吸いに外に出るのと同じで、一日にとって休憩時間のような役割を果たしていると言う意見を聞いたことがある。部分的にはそのとおりだと思うが、問題は、ソーシャルメディアはいつでもアクセス可能なため、人々はじゅうぶんな時間を仕事に打ち込むことなく、休憩を繰り返すのである。結果、何度も集中が途切れてしまう。この状態をカル・ニューポートは仕事中の「クイックチェック」と呼んだ。しっかり休むのではなく、フォーカスを中断するのである。

ダウンヒル仕事をする

この点は欲求不満を我慢する力が少なすぎることと関係している。著書『ザ・ディストラクティド・マインド（The Distracted Mind）』のなかでアダム・ガザレイとラリー・ローゼンが、人は生まれつき目移りしやすい性質をもっていると述べている。退屈したら、不安になったら、不快感を覚えたら、すぐにチャンネルを切り替えて、もっとおもしろい何かを探そうとする。ガザレイとローゼンはスタンフォード大学の学生を対象に行われた研究を紹介している。その研究では、コンピュータが一日ずっと学生たちの行動をスクリーンショットとして記録するよう設定された。すると、学生たちが一つの画面で長い時間とどまることはめったにないことがわかった。実際のところ、彼らが一つのことに注目できる時間は平均しておよそ一分。しかも、半分のケースでわずか一九秒後に画面が切り替えられていた。

それよりも興味深いのは、切り替えのときに学生たちの脳で生じる現象のほうだ。被験者に取り付けたセンサーのデータから、彼らがほかの何かへ切り替える直前の数秒間に覚醒度が上がることがわかったのだ。特に、執筆や調査などといった難しいタスクからソーシャルメディアやユーチューブなど娯楽要素の強いものへ切り替えるときに、覚醒度の上昇が顕著だった。[13]

この点においては、リーダーも有罪だ。私たちも、何らかの困難に直面したら、もっと楽しい何かに意識を切り替えて頭を休めようとする。坂道を想像してみよう。下り坂のほうが上り坂よりもよっぽど楽だ。タスクには、アップヒル《上り坂》タスク（財務の分析、執筆活動など）とダウンヒル《下り坂》タスク（メールやスラックの確認など）の二種類がある。通常、アップヒルタスクが業績に直結し、会社に価値をもたらす。一方、ダウンヒルタスクは多くのエネルギーを必要としない。これこそが、人々が業績にはつながらない仕事（フェイク仕事）ばかりをやろうとする理由だ。そのほうが楽なのである。ダウンヒルタスクが強い力で私たちを引きずり下ろそうとする。しかし、上を目指さなければならないときにダウンヒルタスクに気をそらしていては、生産性が大いに犠牲になってしまう。

困難な仕事に取り組んでいるときに、メールやスラックの確認をすると、余分な時間がかかり、もとの仕事に戻るときにエネルギーを消費する。難しいタスクから飛び降りるのは簡単だ。簡単なタスクから飛び降りるのは難しい。アップヒルタスクをやりつづけた場合よりも、余分なエネルギーが必要になる。[14] 短期的に、それだけの犠牲が生じるのである。長期的に見た場合の犠牲はさらに大きくなる。アップヒルタスクからあっさりと逃げ出すことを続けていると、それが習慣になり、困難な仕事をやりつづけることがどんどん難しくなっていく。

アップヒルタスクからダウンヒルタスク（あるいはフェイスブックのような〝ゼロタスク〟）への切り替えの際、脳内でドーパミンの量が急増する。これがタスクの切り替えに対して、うれしい報酬のように作用する。難しい仕事から簡単なものに切り替えることで、安心感が一気に広がるのだ。だからもとの仕事に戻るのも難しくなるし、次回アップヒルタスクをやるときもダウンヒルタスクに逃げ出すまでの時間が短くなってしまう。ほかの依存症と同じ原理だ。この悪循環によって、私たちが集中できる時間は次第に短くなっていく。いわば、自分で引き起こした注意欠陥障害だ。実際に、注意欠陥障害の専門家であるエドワード・ハロウェルはこの習慣を「注意欠陥特質」と呼び、「職場を中心にどこにでも見られる」現象だと述べている。[15]

フォーカス戦術

フォーカスする自由を手に入れるのに、ガーンズバックのアイソレーターは必要ない。必要なのは、フォーカスを取り戻し、維持し、最終的には強化することだ。あなたはすでにじゅうぶんな睡眠を得て（第三章）、即時型のコミュニケーションから解放されていることだろう。そのどちらも役に立つ。以下、それ以外の手段を紹介する。

テクノロジーでテクノロジーの管理を

「集中アプリ」などと検索するとオンラインで気が散ることを防ぐことを目的とした数多くの新しいアプリが見つかるだろう。現在のところ、私はフリーダム（Freedom）というアプリを使っている。このアプリはどのプラットフォームでも使え、カスタマイズ性も高い。ディープワーク、つまり仕事に深く集中している時間にあなたが使えるアプリやウェブサイトを自由に設定できる。

FREE TO FOCUS

何らかの困難に直面したとき、
私たちはもっと楽しい何かに
意識を切り替えて
頭を休めようとする。

When we get stumped on something tough, it's tempting to give our brains a rest by switching to something more enjoyable.

例えば私の場合、オンラインで調べ物をすることが多いため、インターネットなしでは仕事ができない。しかし、フリーダムを使えば、フェイスブックやツイッター、ニュースサイト、あるいはそのほか仕事の邪魔になるアプリを一時的に遮断することができて、とても便利だ。フリーダムでなくても、似たようなアプリが複数出回っている。しばらく使ってみると、スマートフォンやコンピュータで習慣的に行っていた事柄の多くで頻度が減っていることに驚くだろう。

適切な音楽を聴く

フォーカスしたいときに音楽を聴くのは逆効果のように思えるかもしれない。たしかに、脳が重要な仕事に取り組んでいるときに、煩わしいジングルを聞き飛ばすことにエネルギーを割いたり、歌詞を追うことに気を向けたりするのはよくないことだ。しかし、使いようによっては、音楽は役に立つ。

うるさすぎず、比較的単純で繰り返しが多い、聞き慣れたＢＧＭは集中力を高める。また、アップビートなクラシック音楽が創造性を高めることを示す証拠も見つかっている[16]。テレビゲームのサウンドトラックを推薦する人もいる。ただし、これだ、と言える完璧なあるいは理想的な音楽は存在しない。好みによって人それぞれだ。「あなたが好きな音楽が集中力を高める」と言ったのは神経学者のディーン・バーネット。逆に「あなたが嫌いな音楽は集中力を損なう」そうだ[17]。私の場合、バロック音楽（バッハ、ヘンデル、テレマンなど）と映画のサウンドトラックがお気に入りだ。また、音楽は職場の騒音を消す役にも立つ。ただし、音楽自体が邪魔にならないように気をつけること。

世界を離れ、仕事に沈み込みたいとき、私は音楽を聴くことにしている。フォーカス・アット・ウィル（Focus@Will）はパンドラ（Pandora）と同じようなオンラインサービスなのだが、あなたの注意の持続力や集中力を高めるために選曲した音楽をストリーミング配信する。また、時間が決まっているセッションを設定することもできる。

環境を整える

仕事に集中できるように、職場の環境を形づくる。環境のせいで気が散るなら、それを変えればいい。変化がエネルギーに変わり、仕事に深く集中するのが容易になるだろう。環境を変えるのはふだんからリモートワークをしている人には簡単だろう。しかし、オフィスで働いている人も想像以上に多くのことを変えられるはずだ。

例えば私がかつていっしょに仕事をしていた編集者は、編集作業が長引くときには頻繁に作業場所を変えた。中庭のテーブル、誰もいない会議室、昼食後の人けの去ったカフェテリアの片隅などだ。その編集者は喫茶店に行くことは嫌ったが、代わりに近所の葉巻店で本を次々と編集した。要するに、自分に合った環境を見つければいいのである。[18] 著書『FULL POWER 科学が証明した自分を変える最強戦略』（サンマーク出版・二〇二〇）のなかでベンジャミン・ハーディが絶対に二日連続で同じ場所で仕事をしない起業家を紹介している。その人物は、複数の異なる職場を設け、自分のアイデアルウィークの必要に応じて場所を変えるのだ。[19]

場所を変えることだけが、職場を自分に有益な場所にする方法ではない。もっとフォーカスしやすくなるように、今の職場を最適化することもできる。例えば、気が散る原因になる要素を排除するとか、場所を美しくする工夫をするとか。マイケル・ハイアット＆カンパニーのワークスペースをデザインしたとき、私たちは仕事に深く潜り込むためのクワイエットルーム《無言部屋》をつくったのだが、それ以外にもオフィス全体を見た目にも心地よくするよう工夫した。誰もオフィスで仕事をする義務を負わないが、チームの誰もが毎週そこで時間を過ごす。生産的でいられる環境が整っているからだ。

ワークスペースの整理整頓

いくつかの研究を通じて、散らかった環境は創造性には有益だが、集中した仕事にはまったく向いていないことが確認されている。[20] 著作家のエリン・ドランドによると、プリンストン大学神経学研究所の研究者が次の事実を発見したそうだ。「環境が散らかっていると、カオスが集中力を抑制する。つまり、無秩序が脳の情報処理能力を下げるのだ。混乱によりあなたは気が散り、よく整理整頓されてすっきりした環境にいるときほどうまく情報を処理できなくなる」[21]

オフィスが乱雑に置かれたものであふれているなら、今すぐ掃除しよう。どれだけ忙しくても関係ない。部屋の片づけは間違いなく緊急で重要と分類されるべき作業だ。自分では気づいていなくても、あなた自身のずぼらさがあなたの道を阻んでいるのである。オフィスの整理整頓を自分自身に命じ、その期日をカレンダーに書き込むこと。もし掃除が理想ゾーンからあまりにもかけ離れている場合には、誰かに委任してもいいだろう。その際も、可能な限り適任者を選ぶ。片づけに費やした時間（あるいは委任した場合は現金）は必ず何倍にもなって返ってくる。

デジタルのワークスペースにも同じことが言える。コンピュータのファイルがそこらじゅうに散らばり、フォルダー構造にも何の秩序もないのなら、時間をかけて一度整理してみよう。人生の大半をコンピュータの前で過ごすのなら、コンピュータも少なくともオフィスと同じぐらい整頓しておくこと。

欲求不満に強くなる

ついダウンヒルタスクに手を出してしまうのなら、欲求不満に対する耐性を高めることでもフォーカスを強化できる。重要なアップヒルタスクに――そしてその際に湧き起こる困難な感情に――立ち向かう時間が増えれば増えるほど、あなたの効率は上がり、より多くのプロジェクトを成し遂げ、目標に到達することだろう。

そのための最初のステップは、どのタイミングでダウンヒルタスクに乗り換える誘惑が生じるかを見極めること。きっかけに気づけば、無視する選択もできるようになる。そして、アップヒルタスクにとどまる選択をすることが増えれば増えるほど、欲求不満に対する耐性も高まるだろう。あなたは今、フォーカスを得るために自分を鍛えている[22]。では、その成果を知るにはどうしたらいいのだろうか？　マインドフルネスを育むことだ。自分の思考や感情を意識すればするほど、自分がどんなときに不安になるか、ストレスを感じるか、あるいは気が散ってしまうかがわかるようになる。ファブリティウスとハーゲマンによると、「マインドフルネスのトレーニングは、内的および外的な散漫要因を無視して今まさに起こっている何かに集中する力を高め、注意を払う脳の能力を強化することがわかっている」[23]。私の経験では、日記をつけるのも有効だ。なぜなら、日記を書くことで自分の活動の何がうまく機能した（あるいは機能しなかった）かを省みて分析することができるからだ。

さよなら、アイソレーター

自分の一日を自分で形づくるのは難しいだけでなく、つらいことだと思えるかもしれない。これまでずっと、ある火事の現場から次の火事の現場へと飛び移る生活を送っていたのなら、邪魔を排除しろと言われても、「私がやらないのなら、誰がこのたくさんの火を消すのだ？」と思ったかもしれない。これまでの経験上、どうやら人の上に立つ者はまわりの人間から問題解決者として頼りにされることが多いようだ。そして誰もが知っているように、誰かほかの人の問題を解決すると、将来必ずもっと多くの問題が舞い込んでくる。

フォーカスする自由を手に入れたいのなら、ほかの人の優先事項に一日中かかわっている余裕などないはずだ。そんなことをしても、自分が求める成果を上げることはできない。また、自分自身の目標を達成するのに欠かせない大切な仕事に背を向けて、簡単なダウンヒルタスクに手を出していてもだめだ。

ここで少し時間をとって、自分の四半期目標、ウィークリー・ビッグ3、そしてデイリー・ビッグ3を見返してみよう。あなたにとって大切なものは何だろうか？　それらを達成したら、あなたの人生とビジネスで何が可能になるだろう？　ガーンズバックのアイソレーターはすばらしい発明品かもしれないが、あなたには必要ない。さて、あなたは妨害や散漫に打ち勝つ力を手に入れた。あなたが最も重要なプロジェクトを成し遂げ、ゴールに到達するのを阻むものは、もはや存在しない。

妨害を最小にする計画

本章で学んだ戦略や方法を用いて、実際にあなたの一日から妨害要素をできるだけ減らすための行動計画を立ててみよう。まず、FreeToFocus.com/toolsから「Focus Defense Worksheet（フォーカス・ディフェンス・ワークシート）」をダウンロードする。

最初の目標は妨害を削除すること。そのために「Activation Trigger（活動のきっかけ）」を設定する。すでに説明したが、これはあなたにポジティブな行動を促す、単純なきっかけのことだ。一例を挙げるなら、ドアに「邪魔しないでください」と書いた標識をぶら下げる。次に、邪魔になると思われる妨害要素を「Potential Obstacle（潜在的な障害）」として列挙する。そして最後に、そのような事態に対するあなたの対処法をあらかじめ決めて、「Anticipation Tactic（想定戦術）」に書き込んでおく。

同じことを、散漫要因でも行う。それが終われば、あなたは時間泥棒を一気に蹴散らすための実用的でわかりやすい戦略を手に入れたことになる。

仕事にフォーカスを向ける

Put Your Focus to Work

アマチュアはインスピレーションが来るのを座って待つが、私たちは立ち上がって仕事に取りかかる。

スティーブン・キング

一八一六年、フランシス・ロナルズは自宅の裏庭に立てた二本のポールを約一〇キロメートルの電線で巻いた。アルファベットをキーにしてシグナルをワイヤー経由で送ることで、即座に伝達され、解読されるメッセージを伝えることに成功したのだった。ロナルズが電信機を発明するまで、メッセージはその距離の物理的な移動に必要な時間をかけてやりとりされていた。ロナルズは英国海軍に自身の画期的な発明を報告した。もちろん、大反響を期待しながら。ところが、軍の反応は渋く、政府はその発明に必要性を認めない、とそっけない答えが返ってきた。歴史家のイアン・モーティマーはこう説明する。「海軍は当時採用したばかりだった手旗信号——そう、人間が互いに旗を振るシステム——のほうが優れていると信じていた」[1]。信じられない話だ！

当時の軍人を笑うのは簡単だが、私たちも同じように根本的な思い違いをすることが多い。現状の制度をよしとして、変化を受け入れない――たとえその変化がすぐに人生を一変させるほど優れた利点をもたらすとしても。あなたも今、選択の場面に直面している。生産性を高める画期的なアプローチを選ぶか、今後も手旗を振りつづけるか。旧来の生産性メソッドはそれなりに役に立ったが、その途上で数多くの人を焼き尽くしてきた。今後必要なのは、新しい方法だ。世界はロナルズの発明に追いつき、通信革命を起こした。それが今につながっている。私はあなたに、「フリー・トゥ・フォーカス」による生産性革命への参加を呼びかけたい。

本書は一見意外な「ストップ」で始まった。生産性を高めるために最初にすべきは立ち止まることだと説いた。なぜなら、あなたは結局のところ重要ではないことにあまりにも多くの時間とエネルギーを費やしているはずだと確信していたからだ。しかし、そのような時代はもう過去のものだ。今のあなたは、生産性を上げる〝理由〟を、スケジュールから不必要なタスクや時間の無駄を削除する方法を、それら数多くの原則を行動に移す術《すべ》を、本書を通じて学んだのだから。さあ、学んできたことを武器に、いよいよ〝始める〟番だ。

「フリー・トゥ・フォーカス」――成功への道

今すぐ次の道をたどれば、あなたも成功にたどり着くことができる。

1 **下準備をする**　「フリー・トゥ・フォーカス」の実行に取りかかるのに必要な時間をなんとか捻出する。スケジュールをいじって、最低限の時間をつくろう。アシスタントがいるのなら、彼らにもこのプロセスに協力してもらえばいい。

2 **現状を知る**　本書の冒頭で紹介した「フリー・トゥ・フォーカス生産性評価」を使って、自分にとって生産性の基準がどこにあるか見定める。FreeToFocus.com/assessmentを参照。

3 **目標を定める**　生産性目標を明らかにする。単純に仕事の量を増やすことが生産性ではない。大切なのは、適切な仕事をすることだ。仕事量を増やすことだけを目的にすると、燃え尽きる日が近づいてくる。

4 **真北を見つける**　「タスクフィルター」と「自由のコンパス」を使って、今のあなたにとって何がうまくいっていて、何がうまくいっていないかを確認する。

5 **余白を埋める**　フォーカスを最大にするための精神的、感情的エネルギーを得るために、朝、夜、週末などを回復するための時間として確保する。

6 **無駄を剪定する**　自由のコンパスを利用してＮｏｔ Ｔｏ Ｄｏリストをつくり、今のそして将来のカレンダーやタスクリストから可能な限り多くの項目を排除する。

7 **考えるのをやめる**　いつもやっている活動を確認して、それらを朝、夜、仕事始め、仕事終わりなどに実行できるいくつかの儀式にまとめる。車輪は、発明さえしてしまえば、こちらが注意を払わなくても回りつづけてくれる。次に、排除はできないが自動化はできる三つか四つのタスクやプロセスを見つけ、すぐに自動化する。

8 **できるだけ人に任せる**　「委任の序列づけ」をやって、タスクをチームのメンバーに託す。チームがない人は？　フリーランスに頼めばいい。理想ゾーンで過ごす時間が増えれば増えるほど、あなたの貢献度は高くなるため、支援を得やすくもなる。

9 **アイデアルウィークを計画する**　未来はぼんやりとしか見えない。〝何〟を〝いつ〟やりたいか考えながら計画を立てることで、未来にはっきりとした輪郭を与えよう。アイデアルウィークを計画するのは、余裕をつくり、最も大切なことにフォーカスする時間を確保するいちばんの近道である。

10 **週と一日をデザインする**　ウィークリー・プレビュー、ウィークリー・ビッグ3、デイリー・ビッグ3を使って、自分のゴールへの道筋と主要なプロジェクトを確認しながら、毎日最も必要なタスクを実行しつづける。

11 **妨害を排除し、散漫を防ぐ**　妨害や散漫によって一日が台無しになることがあるが、それを防ぐ方法がある。あなたも、自分で想像できる以上に多くの妨害をはねのけることができるはずだ。第九章で紹介した方法を取り入れて、妨害を完全に追放しよう。

うまくいくまでしばらくの時間が必要になるだろうが、苦労するかいはある。リーダーであるあなたは、困難に立ち向かう意気込みがあるのだろうし、機を逃さず報酬を得るプロでもあるはずなのだから。

道を外れずに進みつづける

「フリー・トゥ・フォーカス」システムを使えば、あなたはずっと追い風を受けることができる。新たな障害や困難が現れても、勢いが衰えることはない。実際、数々の障害が行く手を阻むだろう。しかし、あなたは前進を続ける。自分だけの自由のコンパスを頼りに、どんな難局も乗り越えていく。その方法を、あなたは知った。生産性に立ちはだかる障害物に直面したら、「フリー・トゥ・フォーカス」の三ステップ――ストップ・カット・アクト――を思い出そう。すぐに軌道を修正し、どんなに忙しい時期も道を踏み外さずに前に進むことができるに違いない。

ストップ

前後の見境もつかないほど忙しい日々を送っているときに、賢明な決断など下せるものではない。だから、まずは立ち止まること。デスクを離れて、散歩に行く。よく眠る。とにかく、頭をすっきりさせよう。そのうえで、しっかりと考えるのだ。真の目標を思い描き、どうしてそれが重要なのかを明らかにして、それを成し遂げるのにどんな変化を取り入れる必要があるかを検討する。

カット

おそらく、あなたにはやることが多すぎる気がしているだけでなく、実際にやることが多すぎるのだろう。「フリー・トゥ・フォーカス」を応用しはじめてからも、たくさんのタスクがあなたのリストに忍び込んでは、生産性をむしばんでいくに違いない。本書で学んだ方法を用いて、できるだけ多くのタスクを排除、自動化、委任することに努めよう。

アクト

進むべき道がはっきりと見えたら、いよいよ前に進む番だ。その際、次の二点が難しい。一つは動き出し。次に何をすべきか、ステップをいつも意識することで、まもなく勢いがついてくるだろう。もう一つの困難は、フォーカスを保ちつづけること。どれだけ努力しても、妨害や散漫に行く手を阻まれることがある。フォーカスを保ちつづけるこ。デバイスの通知機能を解除する、「邪魔しないでください」と書いた標識をドアにぶら下げるなど、集中を保つために自分に合った戦略を見つける。フォーカスする自由を手に入れたらどれだけ多くのことが成し遂げられるか、あなたはきっと驚くに違いない。

本書の冒頭で紹介したハーバート・サイモンの言葉を覚えているだろうか。彼は「情報は受け手の注意を消費する」と言った。私たちは散漫の経済のなかで活動している。そこでは、注意が希少なリソースであり、ほぼすべての経済活動があなたの注意を現金に換えようとしている。あなたも油断していると、自分が所有する最も貴重なリソースを他人の目的のために消費することになってしまう。

対処法は、あなた自身を成功に導く活動やプロジェクトを進めるために、フォーカスを活かすことだ。その方法を示したのが、本書で紹介した「フリー・トゥ・フォーカス」である。「フリー・トゥ・フォーカス」を応用すれば、重要な仕事で前進できるだけでなく、余裕も取り戻せる。週に四〇時間（あるいはもっと少ない時間）働くことで、最も大切な人間関係、健康と趣味など、あなたを長期的に精力的で生産的な人物に保ちつづける物事を行うのにじゅうぶんな時間を確保できる。

だから、今すぐ「フリー・トゥ・フォーカス」の戦略を活用しよう。スケジュールを自分でコントロールして、重要な仕事に向けるエネルギーを最大にするのだ。生産性革命は今始まる。少ない仕事で多くを達成することは可能なのだ。

謝辞

執筆は骨の折れる仕事だ。何年（場合によっては何十年）も調査して、実践して、フィードバックを得て、修正しなければならない。仕事を減らすことで生産性をアップさせることができるとリーダーに約束する本書のような実用書は特にそうだ。本書は、私を指導してくれた人々、同僚、クライアント、顧客、そして家族の支援がなければ、完成できなかっただろう。

私には数多くの指導者と呼べる人がいる。彼らの書籍、ワークショップ、あるいは個人的な指導から得たものは計り知れない。なかでも、デビッド・アレン、ケン・ブランチャード、ラリー・ボシディ、スティーブン・R・コヴィー、チャールズ・デュヒッグ、キャロル・ドゥエック、ピーター・F・ドラッカー、トッド・ダンカン、ティム・フェリス、ダニエル・ハーカヴィ、チャールズ・ホッブス、ゲイリー・ケラー、ジム・レーヤー、レスリー・マシーズ、クリス・マクチェスニー、グレッグ・マキューン、ダン・モイブ、アイリーン・ミューシング、カル・ニューポート、ハイラム・W・スミス、ダン・サリヴァン、ロリー・バーデン、ステファニー・ウィンストンに感謝している。私の作品は彼らの基礎の上に成り立っている。

マイケル・ハイアット&カンパニーの最高コンテンツ責任者であるジョエル・ミラーが、私の「フリー・トゥ・フォーカス」講座の内容やブログ投稿、ポッドキャスト、ウェブセミナー、あるいはオンラインおよびオフラインにおける私とコース参加者の会話などをもとに、本原稿を起草した。ジョエル（とその協力者のアレン・ハリス）は、私たちの事業がいつになく忙しい時期に、本書を完成させるために疲れ知らずで働いてくれた。彼のコンテンツ分析および統合の才能のおかげで、本書は最終的な形になったと言える。

アライブ・コミュニケーション社の文学エージェントであるブライアン・ノーマンは、我々のチームに欠かせない人物だ。出版に関して、何でも信頼して相談できるアドバイザーである。彼は恐ろしいほど頭が切れるだけでなく、物事の実行の際にもとんでもない反応力を発揮してくれる。しかも機知に富み、屈託のない人物だ。

本書の出版において、ジョエルと私に辛抱強く付き合い、洞察力に富む有益な助言をしてくれた編集者のチャド・アレンに、心から感謝している。彼の熱意が伝染して、本書を完成させる力になった。

ドワイト・ベイカー、ブライアン・ヴォス、マーク・ライス、パティ・ブリンクス、バーブ・バーンズをはじめとしたベイカー・ブックスの友人たちにも感謝したい。本書は私たちにとって三つ目のプロジェクト。今後も何度も協力することになるだろう。この出版パートナーシップに、私は深く感謝している。著者として、私は大満足している。

妻のゲイルにはいつも励まされる。彼女の支援がなければ、本書が印刷されることはなかっただろう。私はアイデアのすべてを、まず妻に披露する。するとありがたいことに、彼女はいつも喜んで手助けしてくれるのだ。気づいたことがあれば、気後れせずに何でも言ってくれる。

本当にありがたい。伝えたいことをもっとはっきりと、もっとわかりやすく、もっとおもしろく表現しろと、いつも私を鼓舞してくれる。

有能なエグゼクティブアシスタントなしでリーダーが最大限の生産性を発揮するのは難しい。私の四〇年近くのキャリアにおいて、三人のアシスタントが特に際立っていた。トリシア・シオルティーノは私にとって最初の〝仮想〟アシスタントだった。彼女は、エグゼクティブアシスタントは私が想像する以上に有能であることを証明してみせてくれた。その彼女が今ではビレイ・ソリューション――世界最大手の仮想アシスタントサービス会社――の社長になっているのもうなずける。

トリシアのあとで私のアシスタントになったのがスージー・バーバーだ。彼女もすばらしいアシスタントで、のちに我々の会社に関係するすべてのエグゼクティブを監督する役を引き受けてもらったほどだ。それだけではない。彼女はさらに昇進して、今ではオペレーション責任者の役職に就いている。今も私の期待を上回りつづけ、より多くのことを実現している。

現在、私のエグゼクティブアシスタントを務めているのがジム・ケリーだ。彼は私の考えを先読みし、私が考えを口に出す前どころか、その考えをもっていることに自分で気づく前にすでに先回りする。他人の思考を読み取る超能力があるに違いない。ずば抜けたプロ意識と心遣いで、どんな問題もあっさりと解決する。

私の「フリー・トゥ・フォーカス」オンライン講座の卒業生、ならびにビジネスアクセラレーターのクライアントにも感謝の言葉を述べたい。特にルネ・バンクルスドーフ、ロイ・バルベリ、マリエル・ディアス、マット・ラップ、ケイレブ・ローニー、スティーブン・ローニーには、本書で言及したエピソードを提供してもらった。あなた方は顧客あるいはクライアント以上の存在。あなた方は私の先生だ。

最後になったが、マイケル・ハイアット&カンパニーのすばらしいチームに言及せず本書を締めくくるわけにはいかないだろう。彼らが毎日私を刺激し、最高の仕事ができる環境をつくってくれる。彼らこそ本当に最高のチーム――#bestteamever――だ。アダム・ヒル、アレシャ・カリ、アンドリュー・フォックル、チャド・キャノン、チャレー・プライス、コートニー・バーカー、ダニエル・ロジャーズ、デイブ・ヤンコヴィアク、デイドラ・ロメロ、ジェイミー・カートライト、ジェイミー・ヘス、ジェレミー・ロット、ジム・ケリー、ジョエル・ミラー、ジョン・ミース、ジャスティン・バーバー、カイル・ワイリー、ラリー・ウィルソン、マンティ・リビエッシオ、ミーガン・ハイアット・ミラー、ミーガン・グリア、マイク・〝ヴァーブス〟・ボイヤー、マイク・バーンズ、ニール・サムドル、サラ・マケルロイ、スーザン・コールドウエル、スージー・バーバー、ありがとう。

Medium, September 8,2014, https://medium.eom/@cshirky/why-i-just-asked-my-students-to-put-their-laptops-away-7f5f7c50f368.
12. Aaron Gouveia, "Everything You've Always Wanted to Know about Wasting Time in the Office," SFGate.com, July 28, 2013, https://www.sfgate.com/jobs/salary/article/2013-Wasting-Time-at-Work-Survey-4374026.php.
13. Adam Gazzaley and Larry Rosen, *The Distracted Mind* (Cambridge: MIT Press, 2016), 165-66.
14. David Rock, *Your Brain at Work* (New York: HarperBusiness, 2009), 55.
15. Edward M. Hallowell, *Driven to Distraction at Work* (Boston: Harvard Business Review Press, 2015), 6.
16. Chris Bailey, *Hyper Focus* (New York: Viking, 2018), 105-6; Benjamin Hardy, *Willpower Doesn't Work* (New York: Hachette, 2018), 192; and Simone M. Ritter and Sam Ferguson, "Happy Creativity: Listening to Happy Music Facilitates Divergent Thinking," *FLOS One*, September 6, 2017, https://journals.plos.org/plosone/article?id=10.1371/journal.pone.0182210.
17. Dean Burnett, "Does Music Really Help You Concentrate?" *The Guardian*, August 20, 2016, https://www.theguardian.com/education/2016/aug/20/does-music-really-help-you-concentrate.
18. Fabritius and Hagemann, *Leading Brain*, 21-22, 28, 191.
19. Hardy, *Willpower Doesn't Work*, 190-95.
20. 利点については以下を参照。Tim Harford, Messy: *The Power of Disorder to Transform our Lives* (New York: Riverhead, 2016).
21. Erin Doland, "Scientists Find Physical Clutter Negatively Affects Your Ability to Focus, Process Information," Unclutterer.com, March 29, 2011, https://unclutterer.com/2011/03/29/scientists-find-physical-clutter-negatively-affects-your-ability-to-focus-process-information/.
22. Rock, Your *Brain at Work*, 45-59.
23. Fabritius and Hagemann, *Leading Brain*, 102.

仕事にフォーカスを向ける

1. Ian Mortimer, *Millennium* (New York: Pegasus, 2016), 237-38.

www.presidency.ucsb.edu/documents/address-the-second-assembly-the-world-council -churches-evanston-illinois.
6. J. D. Meier, *Getting Results the Agile Way*, 56, 65. 著者はこの考えを「３の法則」と呼び、仕事で集中する項目を３つ選ぶことを提唱した。人間の心が３を基準に整理されているからだ。以下も参照。Chris Bailey, *The Productivity Project* (New York: Crown Business, 2016), 40.
7. Gwen Moran, "What Successful Leaders' To-Do Lists Look Like," *Fast Company*, March 25,2014, https://www.fastcompany.com/3028094/what-successful-leaders-to-do-lists-look-like.
8. Christina DesMarais, "The Daily Habits of 35 People at the Top of Their Game," *Inc.*, July 13, 2015, https://www.inc.com/christina-desmarais/the-daily-habits-of-35-people-at-the-top-of-their-game.html.
9. Seneca, *On the Shortness of Life*, trans. C.D.N. Costa (New York: Penguin, 2005), 1, 2, 4.

9 活性化

1. Matt Novak, "Thinking Cap," *Pacific Standard*, May 2, 2013, https://psmag.com/environment/thinking-cap-gernsback-isolator-56505.
2. この傾向の歴史についてはNikil Saval, *Cubed* を、その影響についてはCal Newport, *Deep Work* を参照
3. "Can We Chat? Instant Messaging Apps Invade the Workplace," *ReportLinker*, June 8,2017, https://www.reportlinker.com/insight/instant-messaging-apps-invade-workplace.html.
4. 私が即時型と遅延型のコミュニケーションについて考えはじめたのは、2017年に即時型のコミュニケーションが私のチームに悪影響を及ぼしていることに気づいたからだ。Allan Christensen, "How Doist Makes Remote Work Happen," ToDoist Blog, May 25,2017, https://blog.todoist.com/2017/05/25/how-doist-works-remote; Amir Salihefendic, "Why We're Betting Against Real-Time Team Messaging," Doist, June 13,2017, https://blog.doist.com/why-were-betting-against-real-time-team-messaging-521804a3da09; and Aleksandra Smelianska, "Asynchronous Communication for Remote Teams," YouTeam.io, https://youteam.io/blog/asynchronous-communication-for-remote-teams.
5. David Pierce, "Turn Off Your Push Notifications. All of Them," *Wired*, July 23, 2017, https://www.wired.com/story/turn-off-your-push -notifications/.
6. "'Infomania' Worse Than Marijuana," BBC News, April 22,2005, http://news.bbc.co.Uk/2/hi/uk_news/4471607.stm.
7. Fabritius and Hagemann, *Leading Brain*, 83.
8. Burkeman, "Attentional Commons."
9. Novak, "Thinking Cap."
10. Naish, "Is Multi-tasking Bad for Your Brain?"
11. Clay Shirky, "Why I Just Asked My Students to Put Their Laptops Away,"

ing.
4. Rosen, "Myth of Multitasking."
5. 今では、月に1日を使って、ポッドキャスト*Lead to Win*の3もしくは4エピソードを録音することにしている。
6. Jason Fried and David Heinemeier, *ReWork* (New York: Crown Business, 2010), 105.
7. Silverman, "Workplace Distractions."
8. William Shakespeare, *As You Like It* 2.7.139-42.
9. この言葉の詳細については次を参照。Garson O'Toole, "Plans Are Worthless, But Planning Is Everything," *Quote Investigator*, November 18, 2017, https://quoteinvestigator.com/2017/ll/18/planning.
10. アイデアルウィークの着想はおもに以下の作品から得た。Todd Duncan, *Time Traps* (Nashville: Thomas Nelson, 2006), Stephanie Winston, *The Organized Executive* (New York: Warner Books, 1994). このアイデアを長年にわたり自分で試し、クライアントにも応用してきた。
11. Pang, *Rest,* 53-74.
12. Daniel H. Pink, *When* (New York: Riverhead, 2018), 9-35, 71. このアドバイスをPangも*Rest*のなかで反映している。リズムについてはp. 81-85を参照
13. Rosen, "Myth of Multitasking."

8　指定

1. Air Traffic Organization, *Air Traffic by the Numbers*, Federal Aviation Administration, October 2017, https://www.faa.gov/air_traffic/by_the_numbers/media/Air_Traffic_by_the_Numbers_2017_Final.pdf.
2. Kiera Butler et al., "Harrowing, Heartbreaking Tales of Overworked Americans," *Mother Jones*, July/August 2011, https://www.motherjones.com/politics/2011/06/stories-overworked-americans.
3. Matt Potter, "Harrowing Tales of Lindbergh Field Air Traffic," *San Diego Reader*, December 6, 2013, https://www.sandiegoreader.com/news/2013/dec/06/ticker-harrowing-tales-lindbergh-field-landings.
4. 同様の考えを以下の作品でも見ることができる。J. D. Meier, *Getting Results the Agile Way* (Bellevue: Innovative Playhouse, 2010), 56, 88.
5. Stephen R. Covey, *The 7 Habits of Highly Effective People* (New York: Simon and Schuster, 2004), 160ff; Stephen R. Covey, A. Roger Merrill, and Rebecca R. Merrill, *First Things First* (New York: Fireside, 1994), 37ff. 4分割グリッドは、ある大学学長の言葉を引用したアイゼンハワーの観察をもとに、コヴィーが開発した。「『私には２種類の問題がある。緊急の問題と重要な問題だ。緊急の問題は重要ではなく、重要な問題は決して緊急ではない』。私には、この言葉が現代人のジレンマを言い表していると思える」。Dwight D. Eisenhower, "Address at the Second Assembly of the World Council of Churches," Evanston, Illinois, August 19,1954, https://

an Upstream Health Promotion Intervention for Populations," *Health Promotion International* 21, no. 1 (March 2006), https://academic.oup.com/heapro/article/21/1/45/646436. "How Does Nature Impact Our Wellbeing?" *Taking Charge of Your Health & Wellbeing* (University of Minnesota), https://www.takingcharge.csh.umn.edu/enhance-your-wellbeing/environment/nature-and-us/how-does-nature-impact-our-wellbeing.
43. "Unplugged for 24 hours," *New Philosopher*, February-April 2016.

4 排除

1. Steve Turner, *Beatles '66* (New York: Ecco, 2016), 47.
2. フリーデリケ・ファブリティウスとハンス・W・ハーゲマンはこう表現する。「あなたが重要な会議に出席しているとき、あなたに時間がないことは誰もが理解するが、会議に出ていないときは、多くの人が暗黙のうちに、あなたは時間があると考える。しかし、集中しなければならないとき、あなたは重要な会議の真っただ中にいるのだ――自分との会議の」。*The Leading Brain* (New York: TarcherPerigree, 2017), 91-92.
3. William Ury, *The Power of a Positive No* (New York: Bantam, 2007), 10-15.
4. Ury, *Positive* No, 14.
5. Ury, *Positive* No, 16-18.

5 自動化

1. "Ritual," Dictionary.com, http://www.dictionary.com/browse/ritual.
2. Mason Currey, *Daily Rituals* (New York: Knopf, 2015), xiv. Also see Pang, Rest, 75-92.
3. Atul Gawande, "The Checklist," *New Yorker*, December 10,2007, https://www.newyorker.com/magazine/2007/12/10/the-checklist. See also Gawande, *The Checklist Manifesto* (New York: Metropolitan Books, 2009).

6 委任

1. Ashley V. Whillans et al., "Buying Time Promotes Happiness," *PNAS*, August 8, 2017, http://www.pnas.org/content/114/32/8523.
2. Stephanie Winston, *The Organized Executive* (New York: Norton, 1983), 249-50.

7 統合

1. John Naish, "Is Multi-tasking Bad for Your Brain? Experts Reveal the Hidden Perils of Juggling Too Many Jobs," *Daily Mail*, August 11, 2009, http://www.dailymail.co.uk/health/article-1205669/Is-multi-tasking-bad-brain-Experts-reveal-hidden-perils-juggling-jobs.html.
2. Cal Newport, *Deep Work* (New York: Grand Central, 2014), 42.
3. Christine Rosen, "The Myth of Multitasking," *New Atlantis*, no.20, Spring 2008, https://www.thenewatlantis.com/publications/the-myth-of-multitask-

26. Russell Clayton, "How Regular Exercise Helps You Balance Work and Family," *Harvard Business Review*, January 3, 2014, https://hbr.org/2014/01/how-regular-exercise-helps-you-balance-work-and-family.
27. Clayton, "Regular Exercise."
28. Tom Jacobs, "Want to Get Rich? Get Fit," *Pacific Standard*, January 31, 2014, https://psmag.com/social-justice/want-get-rich-get-fit-72515.
29. Henry Cloud, *The Power of the Other* (New York: Harper Business, 2016), 9, 81.
30. Emily Stone, "Sitting Near a High-Performer Can Make You Better at Your Job," *Kellogg Insight*, May 8, 2017, https://insight.kellogg.northwestern.edu/article/sitting-near-a-high-performer-can-make-you-better-at-your-job.
31. Cloud, *The Power of the Other*, 81.
32. Stone, "Sitting Near a High-Performer Can Make You Better at Your Job."
33. Virginia Postrel, *The Future and Its Enemies* (New York: Free Press, 1998), 188.
34. Stuart Brown, *Play* (New York: Avery, 2010), 127.
35. Jeremy Lott, "Hobbies of Highly Effective People," MichaelHyatt.com, November 7, 2017, https://michaelhyatt.com/hobbies-and-effectiveness/.
36. Paul Johnson, *Churchill* (New York: Penguin, 2009), 128,163.
37. Winston S. Churchill, *Painting as a Pastime* (London: Unicorn, n.d.). 1948年執筆のエッセイ
38. Shirley S. Wang, "Coffee Break? Walk in the Park? Why Unwinding Is Hard," *Wall Street Journal*, August 30, 2011, https://www.wsj.com/articles/SB10001424053111904199404576538260326965724.
39. Chris Mooney, "Just Looking at Nature Can Help Your Brain Work Better, Study Finds," *Washington Post*, May 26,2015, https://www.washingtonpost.com/news/energy-environment/wp/2015/05/26/viewing-nature-can-help-your-brain-work-better-study-finds/.
40. Ruth Ann Atchley et al., "Creativity in the Wild: Improving Creative Reasoning through Immersion in Natural Settings," *PLOS One 7*, no. 12 (December 12, 2012), http://journals.plos.org/plosone/article?id=10.1371/journal.pone.0051474.
41. Netta Weinstein, Andrew K. Przybylski, and Richard M. Ryan, "Can Nature Make Us More Caring?" *Personality and Social Psychology Bulletin*, August 5, 2009, https://journals.sagepub.com/doi/abs/10.1177/0146167209341649. Diane Mapes, "Looking at Nature Makes You Nicer," NBCNews.com, October 14,2009, http://www.nbcnews.com/id/33243959/ns/health-behavior/t/looking-nature-makes-you-nicer.
42. Jill Suttie, "How Nature Can Make You Kinder, Happier, and More Creative," *Greater Good*, March 2, 2016, https://greatergood.berkeley.edu/article/item/how_nature_makes_you_kinder_happier_more_creative. Cecily Mailer et al., "Healthy Nature Healthy People: 'Contact with Nature' as

al-cost-of-insufficient-sleep.

11. N.J. Taffinder et al., "Effect of Sleep Deprivation on Surgeons' Dexterity on Laparoscopy Simulator," *The Lancet*, October 10,1998, http://www.thelancet.com/pdfs/journals/lancet/PIIS0140673698000348.pdf.
12. Maggie Jones, "How Little Sleep Can You Get Away With?" *New York Times Magazine*, April 15,2011, http://www.nytimes.com/2011/04/17/magazine/mag-17Sleep-t.html.
13. Shawn Stevenson, Sleep Smarter (New York: Rodale, 2016); David K. Randall, *Dreamland* (New York: Norton, 2012); and Penelope A. Lewis, *The Secret World of Sleep* (New York: Palgrave Macmillan, 2014).
14. Lewis, *The Secret World of Sleep*, 18.
15. Jeff Bezos, "Why Getting 8 Hours of Sleep Is Good for Amazon Shareholders," Thrive Global, November 30, 2016, https://www.thriveglobal.com/stories/7624-jeff-bezos-why-getting-8-hours-of-sleep-is-good-for-amazon-shareholders.
16. Matthew J. Belvedere, "Why Aetna's CEO Pays Workers Up to $500 to Sleep," CNBC, April 5,2016, https://www.cnbc.com/2016/04/05/why-aetnas-ceo-pays-workers-up-to-500-to-sleep.html.
17. Alex Hern, "Netflix's Biggest Competitor? Sleep," *Guardian*, April 18,2017, https://www.theguardian.com/technology/2017/apr/18/netflix-competitor-sleep-uber-facebook.
18. Alex Soojung-Kim Pang, *Rest* (New York: Basic, 2016), 110-128.
19. Barbara Holland, *Endangered Pleasures* (Boston: Little, Brown, 1995), 38.
20. 夜の睡眠についてはShawn Stevenson, *Sleep Smarter* を、昼寝についてはSara C. Mednick, *Take a Nap! Change Your Life* (New York: Workman, 2006) を参照
21. "Just One-in-Five Employees Take Actual Lunch Break," Right Management Thought Wire, October 16, 2012, https://www.right.com/wps/wcm/connect/right-us-en/home/thoughtwire/categories/media-center/Just+OneinFive+Employees+Take+Actual+Lunch+Break.
22. "We're Not Taking Enough Lunch Breaks. Why That's Bad for Business," NPR, March 5, 2015, https://www.npr.org/sections/thesalt/2015/03/05/390726886/were-not-taking-enough-lunch-breaks-why-thats-bad-for-business.
23. "Physical Activity and Health," Centers for Disease Control and Prevention, February 13, 2018, https://www.cdc.gov/physicalactivity/basics/pa-health/index.htm.
24. "Physical Activity and Health," CDC.
25. Ben Opipari, "Need a Brain Boost? Exercise," *Washington Post*, May 27,2014, https://www.washingtonpost.com/lifestyle/wellness/need-a-brain-boost-exercise/2014/05/27/551773f4-db92-11e3-8009-71de85b9c527_story.html.

Ever (Grand Rapids: Baker Books, 2018), 25-62.

3　回復

1. Alexandra Michel, "Participation and Self-Entrapment," *The Sociological Quarterly 55*, 2014, http://alexandramichel.com/Self-entrapment.pdf.
2. John M. Nevison, "Overtime Hours: The Rule of Fifty," New Leaf Management, December 1997.
3. Morten T. Hansen, *Great at Work* (New York: Simon and Schuster, 2018), 46. ハンセンの調査によると、労働者は週50時間以上仕事をしても利益を上げることはできるが、実際にはそうしないほうがいい。認知心理学者のDaniel J. Levitin はこう説明する。「週40時間よりも50%長い週60時間で、生産性は25%縮小する。つまり、1時間分の仕事のために2時間残業をすることになる」。*The Organized Mind* (New York: Dutton, 2016), 307.
4. Sarah Green Carmichael, "The Research Is Clear: Long Hours Backfire for People and for Companies," *Harvard Business Review*, August 19, 2015, https://hbr.org/2015/08/the-research-is-clear-long-hours-backfire-for-people-and-for-companies.
5. Bambi Francisco Roizen, "Elon Musk: Work Twice as Hard as Others," Vator.TV, December 23,2010, http://vator.tv/news/2010-12-23-elon-musk-work-twice-as-hard-as-others.
6. Michael D. Eisner, *Work in Progress* (New York: Hyperion, 1999), 301.
7. Jeffrey M. Jones, "In U.S., 40% Get Less Than Recommended Amount of Sleep," Gallup, December 19, 2013, http://news.gallup.com/poll/166553/less-recommended-amount-sleep.aspx.
8. Diane S. Lauderdale et al., "Objectively Measured Sleep Characteristics among Early-Middle-Aged Adults," *American Journal of Epidemiology* 164, no.1 (July 1,2006), https://academic.oup.com/aje/article/164/1/5/81104.
9. Tanya Basu, "CEOs Like PepsiCo's Indra Nooyi Brag They Get 4 Hours of Sleep. That's Toxic," *The Daily Beast*, August 11, 2018, https://www.thedailybeast.com/ceos-like-pepsicos-indra-nooyi-brag-they-get-4-hours-of-sleep-thats-toxic. Katie Pisa, "Why Missing a Night of Sleep Can Damage Your IQ," CNN, April 20, 2015, https://www.cnn.com/2015/04/01/business/sleep-and-leadership. Geoff Colvin, "Do Successful CEOs Sleep Less Than Everyone Else?" *Fortune*, November 18,2015, http://fortune.com/2015/11/18/sleep-habits-donald-trump. ある調査によると、リーダーの42%が毎晩6時間以下しか寝ていない。Christopher M. Barnes, "Sleep Well, Lead Better," *Harvard Business Review*, September-October 2018.
10. Nick van Dam and Els van der Helm, "The Organizational Cost of Insufficient Sleep," *McKinsey Quarterly*, February 2016, https://www.mckinsey.com/business-functions/organization/our-insights/the-organization-

org/2009/10/making-time-off-predictable-and-required.
5. Josef Pieper, *Leisure as the Basis of Culture*, trans. Alexander Dru (San Francisco: Ignatius, 2009), 20.
6. "The North American Workplace Survey," WorkplaceTrends, June 29, 2015, https://workplacetrends.com/north-american-workplace-survey/.
7. "The Employee Burnout Crisis: Study Reveals Big Workplace Challenge in 2017," Kronos, January 9,2017, https://www.kronos.com/about-us/newsroom/employee-burnout-crisis-study-reveals-big-workplace-challenge-2017.
8. Willis Towers Watson, "Global Benefits Attitudes Survey 2015/16," https://www.willistowerswatson.com/en/insights/2016/02/global-benefit-attitudes-survey-2015-16.
9. Michael Blanding, "National Health Costs Could Decrease If Managers Reduce Work Stress," Harvard Business School Working Knowledge, January 26,2015, https://hbswk.hbs.edu/item/national-health-costs-could-decrease-if-managers-reduce-work-stress.
10. Chris Weller, "Japan Is Facing a 'Death by Overwork' Problem," *Business Insider*, October 18,2017, http://www.businessinsider.com/what-is-karoshi-japanese-word-for-death-by-overwork-2017-10. Jake Adelstein, who has worked in Japanese media, said 80-to-100-hour weeks are routine: "Japan Is Literally Working Itself to Death: How Can It Stop?" *Forbes*, October 30, 2017, https://www.forbes.com/sites/adelsteinjake/2017/10/30/japan-is-literally-working-itselfto-death-how-can-it-stop.
11. "Man on Cusp of Having Fun Suddenly Remembers Every Single One of His Responsibilities," *Onion*, May 30, 2013, http://www.theonion.com/article/man-on-cusp-of-having-fun-suddenly-remembers-every-32632.
12. Liz Aiderman, "In Sweden, an Experiment Turns Shorter Workdays into Bigger Gains," *New York Times*, May 20,2016, https://www.nytimes.com/2016/05/21/business/international/in-sweden-an-experiment-turns-shorter-workdays-into-bigger-gains.html.
13. "Ford Factory Workers Get 40-Hour Week," History.com, http://www.history.com/this-day-in-history/ford-factory-workers-get-40-hour-week.
14. "Ford Factory Workers," History.com.
15. Basil the Great, "Letter 2 (to Gregory of Nazianzus)," trans. Roy J. Deferrari (Cambridge: Harvard University Press, 1926), Loeb 190,1.9.

2 評価

1. See the findings summarized in Anders Ericsson and Robert Pool, *Peak* (New York: Houghton Mifflin Harcourt, 2016). Also see Mihaly Csikszentmihalyi, *Flow* (New York: Harper Perennial, 2008).
2. See Tom Rath, *StrengthsFinder 2.0* (New York: Gallup, 2007), 105-8.
3. 制限的な信念を解放的な真実に変える方法については、私の著書Your Best Year Everの "Step 1: Believe the Possibility" を参照。*Your Best Year*

Reuters, August 26, 2015, https://www.reuters.com/article/usa-work-emails/love-them-or-loathe-them-emails-are-here-to-stay-survey-idUSL1N-10Z29D20150826.

14. 同じ調査によると、ほぼ８パーセントが子供の学校行事で、６パーセント以上が結婚式でもメールをチェックした。それどころか、４パーセントが配偶者が分娩中にメールを確認したことがある。葬式の途中でメールチェックした経験がある人も少なからずいた。Melanie Hart, "Hail Mail or Fail Mail?" *TechTalk*, June 24, 2015, https://techtalk.gfi.com/hail-mail-or-fail-mail.
15. Lewis Carroll, *Through the Looking Glass* (New York: Macmillan, 1897), 42.
16. Alan Schwarz, "Workers Seeking Productivity in a Pill Are Abusing A.D.H.D. Drugs," *New York Times*, April 18, 2015, https://www.nytimes.com/2015/04/19/us/workers-seeking-productivity-in-a-pill-are-abusing-adhd-drugs.html. Carl Cederström, "Like It or Not, 'Smart Drugs' Are Coming to the Office," *Harvard Business Review*, May 19, 2016, https://hbr.org/2016/05/like-it-or-not-smart-drugs-are-coming-to-the-office. Andrew Leonard, "How LSD Microdosing Became the Hot New Business Trip," *Rolling Stone*, November 20,2015, https://www.rollingstone.com/culture/features/how-lsd-microdosing-became-the-hot-new-business-trip-20151120. Lila MacLellan, "The Science behind the 15 Most Common Smart Drugs," *Quartz*, September 20, 2017, https://qz.com/1064224/the-science-behind-the-15-most-common-smart-drugs/.
17. Burkeman, "Attentional Commons."

1　具体化

1. Quoted in Nikil Saval, Cubed: *A Secret History of the Workplace* (New York: Doubleday, 2014), 50. テイラーとテイラーイズムについてはp. 45-62を参照。テイラーの弟子たちはのちに彼の教えを応用して、机の引き出しを開ける、回転椅子を回す、などといった基本作業にどれだけの時間がかかるかも測定した（ちなみにそれぞれ0.04分および0.009分だったそうだ)。「テイラーとその弟子は効率性を科学に変えた」と経済学者のジェレミー・リフキンは言う。「彼らは新しい価値観を確立した。効率性は現代の支配的な価値になったのである」。Rifkin, *Time Wars* (New York: Touchstone, 1989), 131-32.
2. Lydia Saad, "The '40-Hour' Workweek Is Actually Longer—by Seven Hours," Gallup, August 29, 2014, http://news.gallup.com/poll/17 5286/hour-workweek-actually-longer-seven-hours.aspx.
3. Heather Boushey and Bridget Ansel, "Overworked America," Washington Center for Equitable Growth, May 2016, http://cdn.equitablegrowth.org/wp-content/uploads/2016/05/16164629/051616-overworked-america.pdf.
4. Leslie A. Perlow and Jessica L. Porter, "Making Time Off Predictable—and Required," *Harvard Business Review*, October 2009, https://hbr.

注釈

フォーカスへのステップ

1. Herbert A. Simon, “Designing Organizations for an Information-Rich World,” *Computers, Communication, and the Public Interest*, ed. Martin Greenberger (Baltimore: Johns Hopkins Press, 1971), 40.
2. Oliver Burkeman, “Attentional Commons,” *New Philosopher*, August-October 2017.
3. Richard Ovenden, “Virtual Memory: The Race to Save the Information Age,” *Financial Times*, May 19, 2016, https://www.ft.com/content/907fe3a6-lce3-lle6-b286-cddde55cal22.
4. Brian Dumaine, “The Kings of Concentration,” *Inc.*, May 2014, https://www.inc.com/magazine/201405/brian-dumaine/how-leaders-focus-with-distractions.html.
5. Rachel Emma Silverman, “Workplace Distractions: Here’s Why You Won’t Finish This Article,” *Wall Street Journal*, December 11,2012, https://www.wsj.com/articles/SB10001424127887324339204578173252223022388.
6. Silverman, “Workplace Distractions.”
7. Brent D. Peterson and Gaylan W. Nielson, *Fake Work* (New York: Simon Spotlight Entertainment, 2009), xx.
8. Susanna Huth, “Employees Waste 759 Hours Each Year Due to Workplace Distractions,” *London Telegraph*, June 22,2015, https://www.telegraph.co.uk/finance/jobs/11691728/Employees-waste-759-hours-each-year-due-to-workplace-distractions.html. Brigid Schulte, “Work Interruptions Can Cost You 6 Hours a Day,” *Washington Post*, June 1, 2015, https://www.washingtonpost.com/news/inspired-life/wp/2015/06/01/interruptions-at-work-can-cost-you-up-to-6-hours-a-day-heres-how-to -avoid-them.
9. Jonathan B. Spira, *Overload!* (New York: Wiley, 2011), xiv.
10. Joseph Carroll, “Time Pressures, Stress Common for Americans,” Gallup, January 2, 2008, http://news.gallup.com/poll/103456/Time-Pressures-Stress-Common-Americans.aspx.
11. Maurie Backman, “Work-Related Stress: Is Your Job Making You Sick?” *USA Today*, February 10,2018, https://www.usatoday.com/story/money/careers/2018/02/10/is-your-job-making-you-sick/110121176/.
12. Jennifer J. Deal, “Always On, Never Done?” Center for Creative Leadership, August 2013, https://s3.amazonaws.com/s3.documentcloud.org/documents/1148838/always-on-never-done.pdf.
13. Patricia Reaney, “Love Them or Loathe Them, Emails Are Here to Stay,”

■著者紹介

マイケル・ハイアット（Michael Hyatt）

革新的なライブイベントやワークショップの開催、デジタルおよびアナログのプランニング、生産性ツールの開発などを行うリーダーシップ開発会社マイケル・ハイアット＆カンパニーの創業者、CEO。前職はトーマス・ネルソン出版社の会長兼CEO。ニューヨーク・タイムズ、ウォールストリート・ジャーナル、USAトゥデイのベストセラー作家でもあり、代表作に『Living Forward, Your Best Year Ever』や『Platform』がある。作品は、ウォールストリート・ジャーナルやフォーブス、インク、ファスト・カンパニーなどの出版物で特集された。妻、５人の娘と３人の義理の息子、および８人の孫と、テネシー州在住。詳しくはMichaelHyatt.comへ。

■訳者紹介

長谷川圭（はせがわ・けい）

高知大学卒業後、ドイツのイエナ大学でドイツ語と英語の文法理論を専攻し、1999年に修士号取得。同大学での講師職を経たあと、翻訳家および日本語教師として独立。訳書に、『最良の効果を得るタイミング』、『ポール・ゲティの大富豪になる方法』（いずれもパンローリング）、『まどわされない思考』（KADOKAWA）、『樹木たちの知られざる生活』（早川書房）など。

翻訳協力／株式会社リベル

2020年10月3日 初版第1刷発行

フェニックスシリーズ⑭

フリー・トゥ・フォーカス　究極《きゅうきょく》の仕事術《しごとじゅつ》
——集中力を自在に操り、生産性を上げる

著　者　マイケル・ハイアット
訳　者　長谷川圭
発行者　後藤康徳
発行所　パンローリング株式会社
〒160-0023　東京都新宿区西新宿7-9-18 6階
TEL 03-5386-7391　FAX 03-5386-7393
http://www.panrolling.com/
E-mail　info@panrolling.com
装　丁　パンローリング装丁室
印刷・製本　株式会社シナノ

ISBN978-4-7759-4239-0
落丁・乱丁本はお取り替えします。
また、本書の全部、または一部を複写・複製・転訳載、および磁気・光記録媒体に入力することなどは、著作権法上の例外を除き禁じられています。

©Hasegawa Kei 2020　Printed in Japan

好評発売中

1分間マネジャーの時間管理

働きすぎを解消する仕事のさばき方

ケン・ブランチャード、ウィリアム・オンケンJr、ハル・バローズ【著】
ISBN 9784775941119　192ページ
定価：本体 1,300円＋税

上司は時間に追われて、
部下は時間をもて余す……
これってどうして！？

現場では優秀だった社員が昇進して管理職となったとき、陥りやすい状況がある。「働いても働いても仕事がなくならない」「がんばっているのに成果が上がらない」などがそれだ。
自分はほとんど動かずに、部下を上手に動かして輝かしい成果を上げる方法とは？

1分間モチベーション

「仕事に行きたい！」会社にする3つのコツ

ケン・ブランチャード、シェルダン・ボウルズ【著】
ISBN 9784775941126　240ページ
定価：本体 1,300円＋税

社員が仕事を楽しむ会社は業績がいい！

「明日、会社に行きたくない」たいていのビジネスマンは、誰でも一度はこういう思いを抱いたことがあるだろう。長期的に業績を上げるために必要なことは、部下のあら探しや作業の極端な効率化ではない。従業員のやる気はパフォーマンスも上げるのだ。ずば抜けたパフォーマンスを上げる3つの秘訣「リスの精神」「ビーバーの行動」「ガンの贈り物」とは？

好評発売中

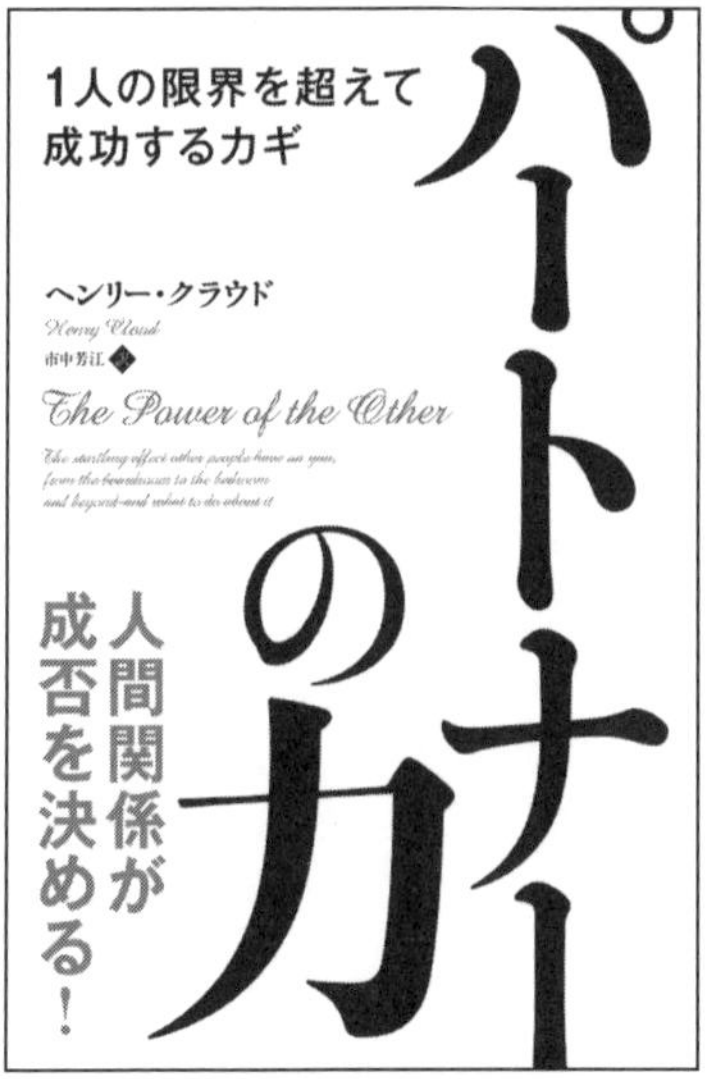

パートナーの力
1人の限界を超えて成功するカギ

ヘンリー・クラウド【著】
ISBN 9784775941973　304ページ
定価：本体 1,500円+税

今あなたの傍に誰がいるか
仕事、家庭、あなたに関わる人が及ぼす
驚くべき力とは

本書はリーダーシップコーチングのエキスパートであり、1000万部を超えるベストセラー作家でもある心理学者ヘンリー・クラウドが、深い洞察力と最新脳科学研究の知見を得てまったく新しい概念を提案する。どんな分野にいようとも「他者の偉大な力」を知り、それを生かすことができれば、どんどん上を目指していけるはずだ。

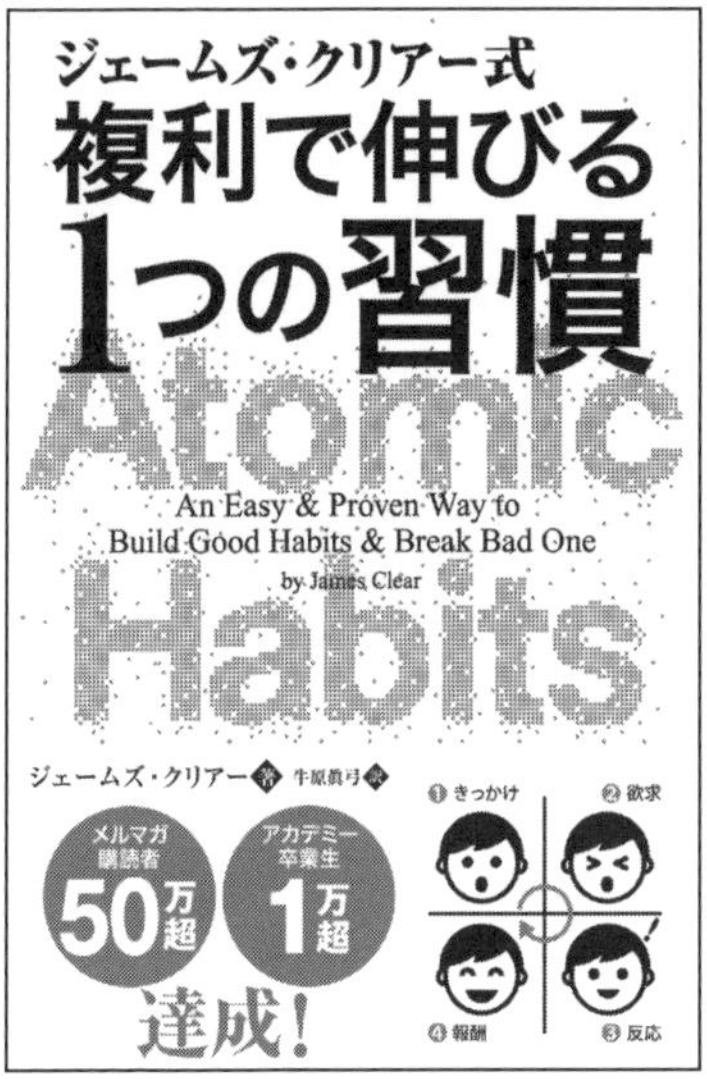

ジェームズ・クリアー式
複利で伸びる1つの習慣

ジェームズ・クリアー【著】
ISBN 9784775942154　328ページ
定価：本体 1,500円+税

習慣は、自己改善を
複利で積み上げたものである。

良い習慣を身につけるのに唯一の正しい方法などないが、ここでは著者の知っている最善の方法を紹介する。ここで取りあげる戦略は、目標が健康、お金、生産性、人間関係、もしくはその全部でも、段階的な方法を求めている人なら、誰にでも合うはずだ。人間の行動に関するかぎり、本書はあなたのよきガイドとなるだろう。

好評発売中

1440分の使い方

成功者たちの時間管理15の秘訣

ケビン・クルーズ【著】
ISBN 9784775941812　264ページ
定価：本体 1,500円＋税

7人の億万長者、239人の起業家、13人のオリンピック選手、29人のオールAの学生に学ぶ生産性向上の日常習慣

「ノートは手書きでとる」「メールは一度しか触らない」「ノーと言う」「日々のテーマを決める」など具体的ノウハウから、「最重要課題の見極め方」「先延ばし癖を克服する極意」「桁外れの利益を得るための思考法」まで15の秘訣が、あなたの人生に輝きを取り戻してくれるだろう。

複利効果の生活習慣

健康・収入・地位から、自由を得る

ダレン・ハーディ【著】
ISBN 9784775942284　232ページ
定価：本体 1,500円＋税

成功を実現するための
“魔法の効果”＝複利

本書が示す方程式は「良い選択＋努力＋習慣化＋複利効果＝目標達成」。日々良い選択を心がけ、行動に移し、習慣化することが、時間はかかっても着実な成長につながる。とくに生活習慣の普段の積み重ねを複利効果で増やすことで、成長そして成功への過程をスピードアップするというものだ。生活習慣やその効果を高めるヒントにしてほしい。